「賢い腸」に育てる腸活!

神谷陽子
一般社団法人 腸活環境育成協会 代表理事

監修
神谷 仁
医学博士・一般社団法人 腸活環境育成協会 理事

はじめに

「排便状態を改善したい」
「ダイエットしたい」
「花粉症を治したい」

　病院に行くほどでもないけれど、自分にとってはけっこう深刻な健康上の問題を何とかしたい、ネットで調べてみると、どうやら腸に原因があるらしい……、当協会に相談に見える方は、そのような経緯をたどる方が多いですね。

　はじめまして。一般社団法人 腸活環境育成協会 代表理事の神谷陽子です。当協会が設立されたのは2015年のこと。夫の内科医である神谷仁とともに、腸活オンラインセミナーや腸活講座、腸活カウンセリングのほか、全国各地の自治体や企業で講演活動を行っています。
　当協会発足のきっかけは、結婚前、私が病院で医療事務に携わっていたところまでさかのぼります。当時、私は病院の職員の研修を担当していたことから、接遇向上委員会の一委員として、医師や看護師、事務員などに対

して、コミュニケーション力や笑顔力を高める活動を行っていました。活動を行ううちに、だんだん病院内の雰囲気が変わってくるのがわかりました。職員が患者さんに対して笑顔で接すると、患者さんの表情もやわらかくなるのです。

　これを病院の中だけでなく、もっと外に広めたい、そう思った私は病院を退職し、さまざまな研修やセミナーを受けながら、自分の考えをまとめていきました。その中の一つが、栄養学です。

　ある程度、体系立った話ができるようになった頃でしょうか。私はカルチャーセンターで「笑顔力講座」という講義を行うことになりました。

　受講生の一人に、20代のM子さんという女性がいました。いつもうつむきがちなM子さんは、実は精神を病んで、薬を飲んでいる、就職もしていないということでした。話をじっくり聞いてみると、栄養状態がよくない。とにかく食事が極端で、ひどい便秘だったのです。当時は"〇〇だけダイエット"など、一つのものだけ食べれば痩せるというダイエット方法が流行っていた時期。M子さんもやはり、〇〇だけダイエット中心の食生活を送っていました。でもお菓子はすごく食べていたんです。ふ

だんは引きこもっているけれど、外に出る前はスナック菓子を食べる、帰ってきたらご褒美にアイスクリームを食べるという状態。栄養学を学んでいた私は、それでは体調が悪くなるし、精神的にも安定しないだろうと、講座の一環として、彼女と「心も体も元気になれる食事」を一緒につくることになりました。この食事こそ、いわゆる腸食です。

そんなふうにM子さんと一緒に腸食をつくっては食べる生活を送っていると、M子さんはだんだんと心も体も元気になっていきました。同時に、M子さんとつくった食事をＳＮＳにアップしていると、いつしか料理好きの人たちが集まるように。みんなで食材を持ち寄って料理し、そこに参加した人たちがＳＮＳで発信する、それが拡散されて、私もやってみたいという人がどんどん増えていきました。

ちょうどその頃、栄養学の講座で出会った夫と結婚し、夫も予防医学をやりたい、食事から病気にならない方法を伝えたいと言います。私と気持ちが一緒でした。いくら食事がよくても、栄養を吸収する臓器である「腸」がよくないと、真に健康とは言えない。

「腸」から丈夫にしていくことが大事だと気づいたのは、

夫婦ともに栄養学を学んでいたからでしょう。

　みなさんからも、腸についてもっと学びたい、もっとバックアップしてほしい、資格がほしいといった声があがりました。そこから「一般社団法人 腸活環境育成協会」が生まれたのです。

もともとは夫婦ともにダメ腸でした

　振り返ってみると、病院に勤務していた頃の私は、あまり自覚はなかったものの、けっこうな便秘でした。朝7時ごろに出勤し、月の半分は帰りが22時、23時。忙しいときは、特に便が出ません。出ないのが当たり前でしたから、たまにセンナを飲む。でも常用しないようには気をつけていたように思います。

　食事対策というのも、全くしていませんでした。忙しいから、いつも早食い。おなかが空いたら、調理パンを食べながら仕事をする。当時は仕事中に、お茶を飲むのはＮＧでしたから、水分もろくにとっていませんでした。今思うと、腸は最悪な状態だったように思います。

　私よりもっとひどかったのは、夫でした。結婚前は身長約170㎝、体重85kgという立派な肥満体。おなかが出

ているというより、浮き輪をつけているような太り方で、足は紫色。結婚するのはいいけれど、寿命が短そうだなと思った記憶があります（笑）。

　足が紫色なのは、座り仕事で血行が悪く、むくんでいたのでしょう。そして話をよくよく聞いてみると、夫の実家では、夜中の０時に全員集合して、お茶会をする習慣がありました。夜中に、家族みんながお茶を飲みながらお菓子を食べていたとか。「医者の不養生」ってここから始まるよね、なんて思ったものです。

　ただ結婚して一緒に暮らすなら、ともに食事改善をしていきましょうと結婚後は、とりあえず夜中のお菓子をやめました。そして食事内容を変えたら、夫は最初の２カ月で12kg減！　一度ついたお菓子習慣を断ち切るのは難しいのではないかと思いましたが、本人からすると「あれば食べるけれど、なければ食べない」と。予想外に簡単に断ち切ることができました。自分から積極的に買ってくることもなく、ある意味、そういったズボラさが痩せる要因になったようです。

　夫婦ともに正真正銘のダメ腸の持ち主でしたが、栄養学を身につに、水分を摂る、食事を改善する、運動をする、といった腸によい生活を送っていたら、二人とも便

秘や肥満といった問題が解消されました。
　私たち自らがその力を実感した腸活を、今度は当協会に相談に見える方にも実践してもらうと、みなさん便通はよくなり、スッキリ痩せて、花粉症とは無縁に。まさに冒頭の悩みは、すべて解決されました。それだけでなく、肌がきれいになった、性格が前向きになった、病気にかかりにくくなった、腸活をしたことで人生が好転した、という人が続々！

腸管を育てることも大切

　2015年に腸活環境育成協会を立ち上げてから、今年で10年になります。10年前は「腸活」という言葉もない時代。でも今は、反対に腸活というと「知ってる、知ってる」「テレビで見たことがある」という声をよく聞きます。腸活という言葉が、これだけ世間に知れ渡っているのは、うれしいことですが、腸活＝「ヨーグルトを食べる」「菌をつくる」といったことばかりがフォーカスされている気がします。もちろんそれらも大切ですが、「腸管を育てる」ことも大切と知ってほしいですね。
　人生100年時代。長い人生を快適に生きていくには、

腸活自体が重要な習慣です。そのためには一人ひとりが、腸活の知識を持つこと。たとえば今は、小さな子どもが便秘になるといったことも起こっています。子どもが便秘になるのは、小麦粉を原料としたパンやお菓子、それに含まれる添加物などを食べていることが原因の一つ。親がいくら気をつけていても、おじいちゃんやおばあちゃんなど周りの大人が与えてしまうことがあるのです。ですから、みんなが腸活の知識を持って、腸によくないものを口に入れなければ、家族みんなが健康で過ごせるでしょう。

　一方、最近は、社会における健康意識の高まりから、グルテンフリーやグルテンをブロックする食材を提供する食品メーカーや、飲食店が増えつつあります。その背景にあるのは、私たち消費者の意識です。

　当協会に相談に見える方でも、自分でつくるのが難しい方はいらっしゃいます。そういう方はコンビニの弁当やスーパーの総菜に頼らざるを得ない。しかし、そうなると、どうしても添加物の多い食事になってしまいます。

　そう考えると、まず私たち一人ひとりが食の意識を変えること。みんなの食の意識が変われば、健康食品を気軽に手に取れる社会になるでしょう。

今は、まだ健康食品は高価なものですが、健康食品が売れるようになれば、選べるものが増えて、値段も手ごろになります。そうすると自然と口にするものが健康食になり、コンビニに行っても、レストランに行っても、ストレスなく食事を選べるようになります。

　私には夢があります。今は、街を歩いていると「ヱビスビールあります。」と看板の出ている居酒屋がありますよね。そんなふうに、いつか「腸食あります。」という看板を掲げる飲食店ができたらいいなと思っているのです。

　この本には、私たちが腸を鍛えて、健康に暮らすためのヒントがたくさん詰まっています。読者のみなさんの健康意識を高める一助になれば、これほどうれしいことはありません。

　　　　　　　　　　　一般社団法人 腸活環境育成協会 代表理事
　　　　　　　　　　　神谷陽子

CONTENTS

はじめに ……………………………………………2

あなたの今の腸の状態は？ …………………17

- 自己チェック1　栄養状態を知る
- 自己チェック2　腸内環境を調べる
- 自己チェック3　排便状態を見る
- 自己チェック4　体温を測る

腸活環境育成協会の腸活3カ条

真っ先に始めたい腸活！　おすすめの「腸食」メニュー

CHAPTER 1　なぜ今腸活が必要なの？ ………25

現代の日本人は腸が弱っている!?
食生活の変化／ストレス社会／運動量の低下

腸活を行うとメリットがいっぱい！
便通が改善する／痩せやすくなる／
花粉症が緩和する／肌がキレイになる／
性格が明るくなる／病気にかかりにくくなる

CHAPTER 2 腸の基礎知識 ……… 33

腸は「小腸」と「大腸」に分類される
腸ってどんな働きがあるの?
消化と吸収／排泄と解毒／免疫／腸は第二の脳

腸の働きは神の見えざる手
腸内細菌は3パターン。バランスが重要
有用菌(有益菌・善玉菌)／日和見菌／有害菌(悪玉菌)

子どもの腸内細菌は母の腸内細菌で決まる!?
腸の働きを強くする腸内細菌のスゴイ役割
免疫細胞をつくる／病原菌を抑える／
腸管上皮細胞を活性化する／神経伝達物質をつくる

腸内細菌のバランスがくずれると危険

CHAPTER 3 賢い腸に育てる ……… 63

腸活3カ条で賢い腸に育てましょう
その1 優秀な腸管を育てる
腸粘膜の土台である「基底膜を整える」／
細胞の分裂と積み重なりが大事

優秀な腸管を育てるために避けたいこと
小麦粉の「グルテン」／牛乳の「カゼイン」／
大豆製品の「レクチン」

その2 腸内環境を整える
プレバイオティクス／食物繊維／オリゴ糖／
レジスタントスターチ／プロバイオティクス

腸内環境を整えるために避けたいこと
余計なものを摂らない／薬／食品添加物／
塩素・フッ素／ストレスを溜めない／
糖質を短時間に大量に摂りすぎない

その3 腸の老化を防ぐ

CHAPTER 4 今日から始めたい！12の腸活習慣 …………………… 95

腸活を当たり前にしましょう
- 習慣1 便チェックをする
- 習慣2 体温チェックをする
- 習慣3 水分を摂る
- 習慣4 腸食を心がける
- 習慣5 よく噛む
- 習慣6 口腔ケアをする
- 習慣7 トイレを我慢しない
- 習慣8 お風呂に入る
- 習慣9 マッサージをする

- 習慣 10　よい睡眠をとる
- 習慣 11　ストレスケアをする
- 習慣 12　運動をする

実はこわい、腸の病気

腸活エクササイズ

腸によくない！NG習慣
腸活のやりすぎ／タバコを吸う／コーヒーの飲みすぎ／
自分に合わないサプリメントを飲む／
アルコールの飲みすぎ／スマートフォンの長時間使用／
寝る前に食べる

便秘薬は飲まないほうがいい？

CHAPTER 5　毎日食べたい腸食 ……… 137

腸食のキーワードは「しくみかはたやすい」
- 「し」… しいたけ（きのこ類）
- 「く」… 果物
- 「み」… 水
- 「か」… 海藻類
- 「は」… 発酵食品
- 「た」… タンパク質、だし
- 「や」… 野菜
- 「す」… 酢
- 「い」… いい油

しっかりおさえて！　腸食のポイント
便秘気味の人は生野菜を積極的に食べる／
食物繊維をたっぷり摂る／腸にいい栄養素を意識する／
「海のもの」と「山（陸）のもの」を一緒に！／
卵やレバーは優秀食材／プロテインで代用できる？／
サプリメントを上手に活用する／
体を温める食べ物や飲み物を摂る／調理のポイント／
調味料は手づくりで

3食＋間食はこう食べましょう！
朝食／昼食／間食／夕食

こんな食材は避けて！　腸活NG食材
ソーセージやウインナー／練りもの／出来合いの調味料

定番にしたい！　おすすめの腸食レシピ
だしピクルス
手羽元のトマト煮込み
きのこのポタージュ
ピクルス液を使った切り身魚蒸し
トマトサバ缶カレー

腸活・腸食ライフを実践してみましょう
腸活プランニングシート

CHAPTER 6 腸活で人生が変わった！ ……… 183

腸活プログラムのご紹介

- **CASE 1** おなかいっぱい食べて1年間で体重が15kg減！階段もかけ上がれるほどに
- **CASE 2** 自己分析と改善を繰り返し、5カ月で腸活ランクが最下級から最上級へ
- **CASE 3** 大好きなパンをやめて、ごはんにしたら便秘薬を手放せました
- **CASE 4** 食事量を増やしたのに痩せて健康になれた！仕事の売上もアップ！
- **CASE 5** 70代で8kgダウン。みんなが驚くような元気な80代になりたい！
- **CASE 6** トマトを味方につけて3カ月で7kg減。おなか周りがスッキリ！
- **CASE 7** しっかり噛むと食事量を減らせます。4カ月で7kg減に

おわりに ……………………………………… 204

あなたの今の腸の状態は？

4つの自己チェックで確認してみましょう♪

自分の腸の状態を知ることは大切！

自己チェック 1　栄養状態を知る

腸がしっかり働くには、栄養素が十分に整っていることが重要です。自分の栄養状態を知るために、当てはまる項目にチェックを入れましょう。

その1 タンパク質

- □ 肉・魚や卵などは、あまり食べない
- □ 食事は野菜中心、あるいは、和食中心である
- □ ごはんやパン・麺などで食事を済ませてしまう
- □ 成長期である
- □ 妊娠・授乳中である
- □ ステロイド剤を使用している
- □ ふだん、はげしいスポーツや肉体労働を行っている
- □ 胃酸を抑えるような胃薬をよく使っている
- □ 腕や太ももが細くなった
- □ 肌のはりやつやが落ちてきた

その2 ビタミンB群

- □ アルコールをよく飲む
- □ イライラしやすい
- □ 集中力が続かない。じっとしていられない
- □ 音に敏感だ
- □ テレビがわずらわしい
- □ 勉強しても頭の中になかなか入らない
- □ 寝ても疲れがとれない。とにかく疲れる
- □ よく悪夢を見る
- □ 口内炎がよくできる
- □ チック症状など、急に挙動がおかしくなることがある

その3 鉄	□たちくらみ、めまい、耳鳴りがする
	□頭、肩、背中、関節・筋肉が痛くなりやすい
	□のどの不快感（つかえる感じ）がある
	□手足が冷える
	□冬場でも氷をかまずにいられない
	□以前に比べて、力が弱くなった
	□夕方になると、疲れて横になってしまうことがある
	□ふと気がつくと、アザができていることがある
	□生理前に体調が悪くなることがよくある（女性の場合）
	□生理の出血量が多い（女性の場合）

その4 亜鉛	□風邪をひきやすい
	□洗髪時、髪の毛が抜けやすい
	□あまり食べられないことがよくある
	□肌が乾燥しやすい
	□傷の治りが悪い、あとが残りやすい
	□つめに白い斑点がある
	□肌につけるアクセサリーで皮膚炎がよく起こる
	□味覚や嗅覚がにぶい
	□性欲が落ちた
	□傷や虫さされがうみやすい

＜結果＞それぞれの栄養素につき…

0個	**栄養状態はよさそう** 明らかな栄養欠乏はなさそうです。引き続き、食生活に注意していきましょう。
1〜2個	**栄養不足かも？** いくらか栄養不足が認められます。食生活に気をつけて、症状が続くようなら、一度、栄養を専門にする医師に相談してみましょう。
3個以上	**栄養欠乏状態！** 栄養素の欠乏が、かなり疑われます。早いうちに栄養を専門にする医師に診てもらいましょう。

自己チェック 2 腸内環境を調べる

次に腸内環境を調べてみましょう。
当てはまる項目にチェックを入れてください。

- ☐ 2日以上続く便秘は、日常茶飯事である
- ☐ 下腹がポッコリしている
- ☐ おなかを壊したり、便秘になったりしやすい
- ☐ おならや便が臭くて、自分でも耐えられないことがある
- ☐ いきまないと、便が出ないことがよくある
- ☐ トイレに行く時間帯は、一定でない
- ☐ 生野菜が好きではない
- ☐ 運動は、あまり意識して行っていない
- ☐ 水をそんなに意識して飲んでいない(1リットル/日未満)
- ☐ 朝食は食べないことが多い
- ☐ 刺身など、生のものが苦手である
- ☐ 原因不明の肌あれがよく起こる
- ☐ 休日の起床時間は、ふだんと違うことが多い
- ☐ 果物は、毎日は食べない
- ☐ 今ダイエット中で、食事の量を減らしている

＜結果＞

0〜2個	**腸内環境は良好。このまま継続を！** あなたの腸内環境は、素晴らしいといえます。規則正しい生活習慣や食生活を送ることが、腸内環境を整えるうえで大切です。これからも、たっぷりの野菜や水を摂取し、美しい腸をキープしましょう。ストレス解消も大事ですよ！
3〜7個	**腸内環境は乱れ気味？** ご自身が思っている以上に、乱れている可能性があります。腸内の動きは、生活習慣と連動しているので、生活習慣を見直してみましょう。起床時間や朝食を毎日同じタイミングにするなど、生活習慣を整えると、腸内環境も整ってきます。
8個以上	**腸内環境は破綻……、今すぐ改善して** 腸内環境が悪化している恐れがあります。慢性的な便秘や軟便など、その兆候があらわれている場合は、今すぐ食生活の改善と規則正しい生活にシフトしましょう。生野菜や果物、刺身などの生ものなど、酵素たっぷりの食事を多めにとって。

あなたの今の腸の状態は?

自己チェック 3 排便状態を見る

便は、体からのお便りです。便を見ると、しっかりかんでいないと便の中から消化されていないものが出ることや、便が柔らかいと体温が高いといったことに気づくことができます。「ブリストルスケール」という表で、自分の排便をチェックしてみましょう。

排便チェック（ブリストルスケール〈国際基準〉）

柔らかい ← 硬さ → 硬い

7 水様便	6 泥状便	5 柔らかい便	4 普通便	3 やや硬い便	2 硬い便	1 コロコロ便
水分が多く固形物のない液状の便	ふにゃふにゃとした形のない便	はっきりとしたシワのある柔らかい便	バナナ状の適度な柔らかさの便	水分が少なくひび割れている硬めの便	ゴツゴツとしたソーセージ状の硬い便	ウサギの糞のような硬いコロコロの便

多い ← 水分量 → 少ない

問題ないのは、3、4、5ですが、目指すべきは「4」。1や2、6や7は、問題があります。特に下痢は、食べ物をしっかり消化しきれておらず、栄養の吸収もできていないということです。

自己チェック 4 体温を測る

体温が低いと、体はしっかり動きません。
36.5度～37度を目指しましょう。

体温チェック

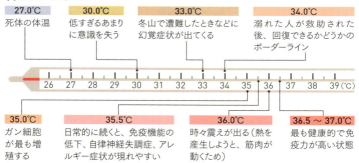

27.0℃ 死体の体温
30.0℃ 低すぎるあまりに意識を失う
33.0℃ 冬山で遭難したときなどに幻覚症状が出てくる
34.0℃ 溺れた人が救助された後、回復できるかどうかのボーダーライン
35.0℃ ガン細胞が最も増殖する
35.5℃ 日常的に続くと、免疫機能の低下、自律神経失調症、アレルギー症状が現れやすい
36.0℃ 時々震えが出る（熱を産生しようと、筋肉が動くため）
36.5～37.0℃ 最も健康的で免疫力が高い状態

結果はいかがでしたか。4つとも全く問題がないという人もいるでしょうが、多くの人が、何らかの課題を抱えているのが、今の日本人の体事情です。なぜなら日本人は、平均寿命に比べると健康寿命が短いから。つまり病を患っている期間が長いため、どう健康的に自立した生活を長く送るのかが、大きな課題となっているのです。

日本人の平均寿命と健康寿命の差（2022年）

男性平均寿命 81.05歳
男性健康寿命 72.57歳
差 8.48年

女性平均寿命 87.09歳
女性健康寿命 75.45歳
差 11.64年

出典：厚生労働省「健康寿命の令和4年値について」

CHECK

あなたの今の腸の状態は？

そもそも健康とは、どういう状態でしょうか。
1948年に制定されたWHO憲章では、健康を「健康とは、
肉体的、精神的および社会的に完全に満足な状態であり、
単に病気や虚弱体質でない、ということではない」と
定義づけています。
つまり単に体の状態が弱っていないというだけでなく、
心身ともに元気で自立した生活を送ることができる状態が、
健康ということなのです。
そこで将来にわたって健康でいるために、
今から取り組んでほしいのが「腸活」です。

当協会が考える腸活のアプローチは、次の３つです。

腸活環境育成協会の腸活３カ条

1 優秀な腸管を育てる
腸管とは、口腔から肛門をつなぐ消化管のうち、小腸や大腸など腸に当たる部分のこと。この腸管が丈夫であれば、腸はしっかりと働きます。

2 腸内環境を整える
腸の働きは、腸に住みつく腸内細菌も深く関わっています。よい細菌が多いほど、腸はよく働きます。そのためには、よい腸内環境を整えることが重要です。

3 腸の老化を防ぐ
体の細胞の老化とともに、腸も老化していきます。食事や運動、ストレスケアで、腸の機能をアップすれば、細胞は生き生きし、腸を若返らせることができます。

真っ先に始めたい腸活！おすすめの「腸食」メニュー

（つくり方は166ページへ）

腸に必要な栄養を丸ごとカバー！
だしピクルス

煮込むだけの最強腸活スープ
手羽元のトマト煮込み

食物繊維がラクにたっぷりとれる！
きのこのポタージュ

魚缶を使った腸活＆脳活メニュー
トマトサバ缶カレー

旨味と栄養成分がギュッ
ピクルス液を使った切り身魚蒸し

CHAPTER **1**

なぜ今腸活が必要なの?

> 腸を鍛えると
> いいことがたくさんあります

現代の日本人は腸が弱っている!?

　腸活とは、腸を元気にする活動のこと。かつて便通に悩む女性から生まれた言葉が、いまや老若男女問わず、知られる言葉になっています。

　そもそも人間は、体に栄養が入らなければ、エネルギーを生むことはできず体を動かすこともできません。動いても、すぐに疲れやすくなります。
　その栄養の取り入れ口となるのが「腸」です。植物であれば、水分や養分は根から取り入れますが、私たち人間にとって、その根に当たるのが腸。腸が必要な栄養を取り入れ、不要なものはカットし、それがうまく循環することで、私たちの体は元気を保ちます。
　また腸には、体の免疫細胞の約70％が存在しており、最大の免疫器官ともいわれています。免疫システムの重要な部分が腸に存在するため、腸を鍛えて免疫機能が高まれば、病気を寄せつけない体になるのです。

しかしながら、現代人は吸収や排せつの機能が損なわれて、免疫機能は下がり気味。昔に比べると、腸が弱っています。便の量が圧倒的に減っていることが、それを証明していますが、原因としては次のようなことが考えられます。

食生活の変化

　小麦粉や砂糖が多く使われた欧米の食事がメインになり、野菜に豊富に含まれる食物繊維の摂取量が明らかに減りました。「体を冷やす」と生野菜を全く食べない人も少なくありません。

　腸に問題を抱えて、当協会に相談に見える方のほとんどが、朝食はパンです。幼稚園や小学生のお子さんもパンがメイン。また女性たちが集まるのは、カフェやレストラン。サンドイッチやパスタなど、おしゃれな料理が、SNSにアップされています。「甘いものがないと暮らせない」とお菓子を食べている人も多いですね。男性は、簡単に食べられるからと麺類が多い。毎日ラーメンを食べている人もいます。

　パンやパスタ、ラーメンの食事やお菓子ばかりでは、

腸に問題を引き起こしてしまいます。２、３歳でもう便秘の子もいます。小麦粉や砂糖、添加物が腸に悪影響を与えているのです。

ストレス社会

　ストレスの原因は人それぞれ異なりますが、仕事関係や人間関係、睡眠不足が多いでしょう。ネット社会である現代は、交感神経を優位にすることが多く、なかなかうまくリラックスできません。
　しかし、ストレスが強ければ強いほど、腸は弱っていきます。そもそも消化器系の臓器は、ストレスに弱く、腸が弱ると、栄養が吸収されないので、脳にも栄養が届きません。それで、眠れない、便が出ないといった悪循環が起こっているのです。

運動量の低下

　デスクワークが増えて、運動量が減ったことから、昔の人に比べると体温が低くなったといわれます。体が冷えていると、ストレスを感じやすく、特におなかが冷え

ていると、便秘になりやすくなります。また座りっぱなしだと、おなか周りの筋肉が弱まり、便が出にくくなります。

腸活を行うとメリットがいっぱい！

しかし腸活を行い、これらの原因を取り除くと、いいことがたくさんあります。

便通が改善する

腸の状態がよくなると、必要な栄養がとれて不要なものが排出されるため、便通がよくなります。いつもスッキリしない便秘や、いつ調子が悪くなるかわからない下痢の悩みから解放されます。

痩せやすくなる

腸で栄養がしっかり摂れる状態になると、エネルギー

源が体全体に回って代謝が上がり、痩せやすい体になります。実は、栄養不足で太るのは、よくあること。食事の栄養が全身に回らないので、変な溜め込み方をして、エネルギーをつくりにくい、痩せにくい体になるのです。

花粉症が緩和する

　腸内環境を整えることで、アレルギー症状が軽減される可能性があります。その分、悩みがなくなるので、生活が楽になって、やりたいことができるようになります。外出時も花粉を気にせず楽しめるようになります。逆に腸活しないと、花粉症の悩みは、いっこうに解決しないでしょう。

肌がキレイになる

　腸活すると老廃物が排出されることで、肌のターンオーバーがスムーズに進み、細胞面が若々しくなり、顔色がワントーン上がって、「つや」「ぷっくり感」のあふれる肌になります。肌の状態がよくなれば、全身の血行もよくなり、ますますキレイになっていきます。

性格が明るくなる

　腸内では、脳の神経伝達物質と同じものをつくっているため、腸活すると幸せホルモンの「セロトニン」や、やる気ホルモンの「ドーパミン」などがしっかり分泌されて、幸せ感に満たされたり、やる気がみなぎったりします。また便秘が解消して体調がよくなれば、病気や不調に気をとられず、気持ちが明るくなり、やりたいことに時間がとれるようになるでしょう。

病気にかかりにくくなる

　腸活で免疫力がアップすると、風邪やインフルエンザ、新型コロナウイルス感染症といった感染症にかかりにくくなります。また、ちょっとした不調なら、すぐに回復できる丈夫な体になります。病気にかかりにくくなると、老化も防げます。

いざ腸活を行うときは次の３つを軸に考えていきます。

（１）優秀な腸管を育てる
（２）腸内環境を整える
（３）腸の老化を防ぐ

　２章で腸の基礎知識をお伝えしたあと、３章でこの３つの軸について、くわしく解説します。

CHAPTER **2**

腸の基礎知識

腸の働きについて
解説します

腸は「小腸」と「大腸」に分類される

「消化管」は、口以降の口腔、食道、胃、十二指腸、小腸、大腸、肛門までの全長約9mの屈曲した管です。このうち小腸や大腸に当たる部分が「腸管」になります。

栄養の消化吸収を行うのが消化管

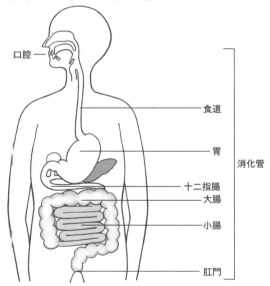

この消化管に、消化するために必要な液体を出す「腺」や虫垂（盲腸）などの付属器を合わせたものを「消化器系」と呼びます。
　こうした消化管は、たとえてみると「ちくわの穴」です。ちくわの穴の内側が消化管の表面に当たり、ちくわの表側の茶色く焦げているところが皮膚に当たります。言ってみれば、人間の体自体が、ちくわのようなものですね。
　口から入った食べ物は、まず歯で細かく砕かれ、唾液と混ざってから飲み込まれた後は、食道を通り抜けて、胃の中に入ります。
　胃で消化される栄養素は「タンパク質」です。胃の中が強い酸性（pH1〜2）であれば、タンパク質を分解する酵素であるペプシンが、よく働きます。胃の中に2〜3時間留まった食べ物は、やがて腸におくられます。

　腸は、大きく「小腸」と「大腸」の二つ。そのうち小腸は「十二指腸」「空腸」「回腸」、大腸は「盲腸」「結腸」「直腸」に、それぞれ分かれます。さらに結腸は「上行結腸」「横行結腸」「下行結腸」「S（字）状結腸」の4つに分けられます。

腸は小腸と大腸に分かれている

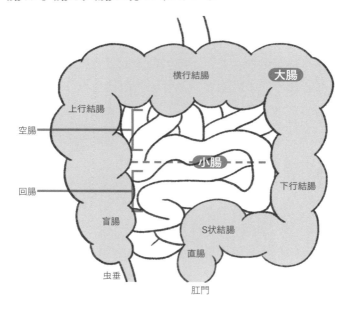

　小腸は、長さ約6〜7mの管です。内側には「輪状ヒダ」というひだがあり、そのひだの上を絨毛が覆うことで、細かい凹凸ができて、表面積は約30倍に。さらに、その絨毛の表面を構成する円柱細胞（棒状の細胞）の上の微絨毛にも、細かい凹凸があり、その表面積は約200㎡。テニスのシングルコート一面分もの広さになります。

小腸は、食べ物と触れ合う表面積が広い分、細菌やウイルスなどの外敵に触れるリスクも高いため、細胞自体がしっかり組み合わされていると同時に、表面を覆う腸内細菌の存在が大事になってきます。

小腸の粘膜

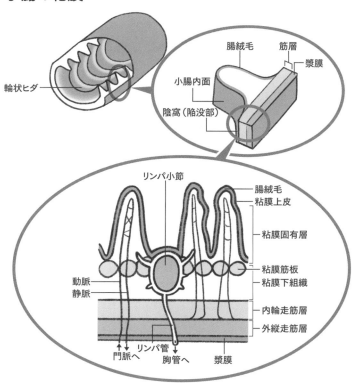

小腸のうち、十二指腸は胃から送られてきた食べ物を胆汁と混ぜ、特に脂質を乳化させることで消化しやすくし、さらに膵液によって一部を消化・吸収したうえで、空腸に届けます。空腸で、いよいよ本格的に消化と吸収を行います。消化酵素によって、タンパク質をより小さいペプチドやアミノ酸に、脂肪をグリセリンや脂肪酸という状態まで細かくし、ぐんぐん吸収していきます。回腸は、空腸で消化された食べ物をさらに分解し、穏やかに消化していきます。
　また回腸は、腸内細菌の増殖の場になるため、「パイエル板」といった腸管特有の免疫組織が発達しています。食べたものの大部分が小腸で吸収されたあと、残りが大腸に送られます。

　大腸の粘膜は、小腸に比べると平坦で、いちばん上の粘膜層を形成するのは、円柱細胞と、小腸よりも数の多い杯細胞（粘液を蓄えている様子が杯のように見える細胞）です。杯細胞から分泌された「ムチン」を含む大腸液が、大腸の内壁を滑らかに保護し、内容物をスムーズに運びます。

大腸の始めに盲腸があり、この盲腸の端から伸びる細長い組織が虫垂（盲腸）です。虫垂は、以前は炎症を起こすばかりで意味のないものと考えられていましたが、最近では有用な腸内細菌を育て、腸に送る役割を担っていることがわかりました。他にも、腸粘膜の免疫に重要なIgAという抗体を表面に出す細胞をつくることもわかっています。

　盲腸を通った後は、残りの食べかすと杯細胞から分泌された大腸液が混じり合ったものが、結腸のぜん動運動によって、徐々に肛門に移送されて行きます。その間に、小腸では吸収されなかった水分や電解質が吸収されて、流動体の内容物がだんだん固まり、最終的に下行結腸からＳ状結腸で固形状の便になります。
　ぜん動運動は、横行結腸からＳ状結腸では１日１〜２回行われますが、特に空っぽの胃に食べ物が入った朝食後に頻繁に起こります。これが「胃結腸反射」です。このぜん動運動によって、Ｓ状結腸に溜まっていた便が直腸に入り、直腸の壁にある圧受容器を刺激します。そして、その情報が延髄（脊髄）の排便中枢へ、さらに大脳に伝わり、便意が生じます。

便意が生じてから、私たちは力んで圧力を高めるなど、さまざまな筋肉を駆使して排便します。食べたものは、1〜3日後に便になります。

腸ってどんな働きがあるの？

腸には、いろいろな役割があります。ひとつずつ説明していきます。

消化と吸収

食べたものを「消化」したり、細かくされた栄養素を「吸収」したりといった働きは、腸の代表的な役割です。

消化とは、大きな「高分子」のものを、細かな「低分子」のものに分解するということ。腸では、糖質やタンパク質、脂質などが消化吸収されますが、糖質ならブドウ糖や果糖、ガラクトースなどの単糖類、タンパク質なら各種アミノ酸、脂質ならグリセリンや脂肪酸などが低分子に当たります。

消化は口の中で砕かれ、唾液と混ぜるのをはじめ、各消化管における消化管自体の運動と消化酵素の働きで起こります。酵素の働きによって、効率的に低分子のものへと分解され、最終的に主に小腸から吸収されるのです。

　腸から吸収された栄養素は、体の中で代謝されて、体自体をつくるための材料として使われたり、エネルギー源となったり、ホルモンや神経の伝達物質や体内の化学反応をスムーズに進めるために働く酵素の材料などに使用されたりします。

　腸内細菌も、消化や吸収に関わっています。たとえば人間には、食物繊維を消化する酵素はありませんが、腸内細菌にはあります。食物繊維は腸内細菌が消化して、自分のエサにしています。
　また腸内細菌は、ビタミンB群やビオチン、葉酸、ビタミンKなど、自らさまざまなビタミンをつくり出して、その一部は腸の動きを改善したり、消化吸収を助けたりします。

さらに消化、吸収には、腸管粘膜自体がしっかり働く必要があります。それゆえ粘膜細胞に対する栄養も必要です。小腸粘膜の主なエネルギー源になるのは、アミノ酸の一種であるグルタミンですが、大腸粘膜のエネルギー源の第一位は短鎖脂肪酸の一種である酪酸です。この酪酸をつくり出すのも腸内細菌です。つまり腸内細菌は腸粘膜自体の栄養補給にも欠かせないのです。

排泄と解毒

　消化と吸収が代表的な腸の役割ですが、同時に消化できないもの（栄養素にならないもの）を吸収せず、体の外に出す「排泄」も重要な役割です。
　消化管が体内と外の境界となり、余計なものを体の外に出しているので、消化管はいわゆる関門や関所といったところでしょう。

　もし体内に栄養にならない余計なものを入れると、それを排除しようとして免疫が働きます。自分の免疫細胞や免疫抗体が、自分でないものを攻撃しようとして、やがて「炎症」が起こります。いわゆる体の中で火事のよ

うなものが生じ、それが全身に広がっていきます。

　このような炎症は、体にさまざまな症状を引き起こすため、炎症を避けるには、まず体内に余計なものを入れないことが重要です。

　消化管が関所としての役割を果たすには、消化管の構造がしっかりしていることが最も大切です。つまり消化管の粘膜の土台がしっかりできていて、その上の細胞が密に並んでいること。

　その粘膜の構成がおろそかになり、すき間が空いていると、そのすき間から腸の中身の一部、たとえば消化しきれないタンパク質、腸内の細菌やウイルスなどが腸から体内にもれ出てしまう恐れがあります。このために起こる症状を「リーキーガット症候群」といいます。

　しかし消化管の状態が万全であれば、体は栄養素以外の余計なものを受け入れません。「解毒」は主に肝臓で行われますが、肝臓で処理されたものは、胆汁酸やコレステロールなどと一緒に、胆汁として十二指腸に送られます。そして、これらの有害物質が、その下部の空腸や回腸などで吸収されなければ、その物質は便と一緒に体

の外に出されます。つまり腸のバリア機能がしっかりしている状態で初めて、スムーズに解毒できるといえるのです。なお、腸粘膜上においても、必要に応じて、解毒のための酵素が出て、解毒してくれるという機能もあります。

免疫

　免疫をパワーアップするのは、腸内細菌です。
　もともと免疫とは、体を外敵から守るしくみ。体にとって危険なものが侵入したら、白血球の免疫機能に攻撃されます。その免疫は「自然免疫」と「獲得免疫」の2種類があります。

　自然免疫とは、全体をふるいにかけて、あやしいものは、まず「貪食する（＝食べる）」ことで排除するといったもの。白血球の中の「好中球」は細菌などを食べると、自分が持っている酵素で分解することで排除します。その死骸は「マクロファージ」が食べて、必要があれば、他の免疫細胞（リンパ球）にその情報を伝えます。
　獲得免疫は、自然免疫だけでは対処しきれない、かな

り小さな毒素分子やウイルスのような病原体などの「抗原」に対して働く免疫です。この際には、白血球の中の「リンパ球」と呼ばれるものが主な働きをします。リンパ球は大きく分けて「Tリンパ球（T細胞）」と「Bリンパ球（B細胞）」の2種類があります。

　自然免疫だけでは排除できなかったウイルスなどの「抗原」は、まずは「樹状細胞」やマクロファージによって貪食されます（「Bリンパ球」によって貪食される場合もあります）。このとき樹状細胞やマクロファージは自身の表面に、その抗原の一部を免疫情報として提示し、それをTリンパ球やBリンパ球が受け取ります。その際、「ヘルパーT細胞」が情報を受け取った場合は、そこからBリンパ球や「キラーT細胞」に攻撃の指令が出されます。

　指令を受けたBリンパ球のうち、同じ抗原を食べているBリンパ球が増殖して、さらに「形質細胞」に進化し、抗原に有効な「抗体（抗原に対しての鉄砲玉、一部、細胞などに対してのマーカー）」をつくり、抗原を攻撃して一掃することができたら、「制御性T細胞」によって、ヘルパーT細胞が抑制されることで、攻撃はいったん終了。

抗原情報によって増殖したBリンパ球の一部は、「記憶細胞」に変わり、再び同じようなもの（抗原）が体内に侵入してきたら、Bリンパ球に戻って、即座に攻撃を仕掛けられるように待機しています。このようにBリンパ球が最終的に働く獲得免疫は、「液性免疫」と呼ばれます。ちなみに、予防接種に使われている「ワクチン」もこのような記憶細胞を作るしくみを利用しているのです。
　またキラーT細胞がヘルパーT細胞から指令を受けたり、樹状細胞などから抗原情報を直接受け取ったりした場合、それによって増殖したキラーT細胞自体が病原体に感染した細胞を見つけ出し、細胞ごと殺します。これが「細胞性免疫」です。なお、ヘルパーT細胞やキラーT細胞も増殖した中の一部が記憶細胞となって、待機状態となることがわかっています。

　なぜ腸内細菌が、免疫をパワーアップさせるのか。それは、もともとある腸内細菌がしっかり勢力を保てば、腸内に病原菌がはびこることがないからです。
　また腸内細菌自体が、腸に有用な栄養物質をつくっているので、腸内細菌がしっかり生きると、腸管のバリア機能も確たるものになってくるのです。

さらに腸内細菌は小腸下部の「パイエル板」と接触することで、全身の免疫力をアップさせます。つまり腸内細菌がパイエル板を通ると、その情報がヘルパーＴ細胞からＢリンパ球に伝えられて、その結果、Ｂリンパ球が成熟、「免疫グロブリン」というタンパク質分子を製造できる「IgA$^+$ B細胞」になります。

このIgA$^+$ B細胞こそ、パイエル板から腸管全体、全身のさまざまな粘液を旅して、IgAを産生しながら粘膜の免疫を充実させるのです。

小腸の構造

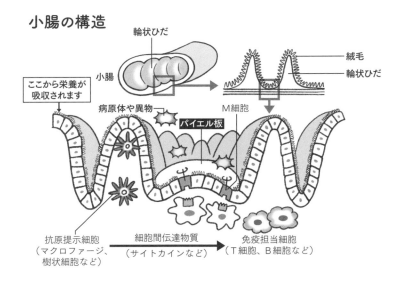

こうした粘膜免疫を充実させるためのIgA⁺B細胞の旅を「ホーミング」といいます。ホーミングができなくなると、粘膜の免疫は弱くなってしまいます。まさに「可愛い子には旅をさせよ」です。

なお、このホーミングは、ビタミンAがないと起こりません。ビタミンAは、油に溶ける脂溶性ビタミンなので、油と一緒に摂る必要があります。油と一緒にビタミンAをしっかりとるようにしましょう。

それはさておき、腸には、全身の免疫細胞の約70％が集中している、という点でも、まさに免疫基地。だからこそ腸管が丈夫で、腸内環境が整っていることが大事になるのです。

腸は第二の脳

人間のように脳が発達する前、動物の神経細胞は腸に集中していました。たとえばイソギンチャクやクラゲなどの腔腸動物は、腸しか持っていませんが、その腸は、人間の大脳に匹敵するほどの神経細胞があるといわれます。「腸は第二の脳」といわれるゆえんです。

また「脳腸相関」という言葉があるように、脳と腸は密接な関係があります。腸管では、脳と同様の神経伝達物質がつくられていて、その一つが幸せホルモンと呼ばれる「セロトニン」。90％が腸管で産生されています。「ドーパミン」や「GABA（γ＜ガンマ＞アミノ酪酸）」などもつくられています。

　それゆえ、脳がストレスを感じると、腸の動きが悪くなります。交感神経が優位になり、緊張して血流が悪くなり、そのあげく、胃のびらんや胃潰瘍など不調が起きてしまいます。

　一方、腸の不調で、脳が不安を感じることもあります。腸管バリア機能が低下する、腸内細菌のバランスが乱れる、あるいは粘膜が炎症を起こす、そこから腸内でできた炎症物質や悪玉菌から出た毒素が、体じゅうを巡り、炎症を起こし、疲労や不安をもたらすのです。

　ただ腸は、自身を働かせるためのエネルギー源を自前で供給できるという点において、脳より優れているかもしれません。

　先ほどお伝えしたように、小腸はグルタミンというアミノ酸を粘膜上皮細胞やその周りにある腸粘膜組織のリ

ンパ細胞のエネルギー源として使いますし、大腸は腸内の有用菌（有益菌・善玉菌）がつくり出している酪酸という短鎖脂肪酸を主なエネルギー源としているからです。

腸の働きは神の見えざる手

　腸の最大の機能は、体にとって有用なものだけを腸粘膜から体内に吸収し、不要なものや有害なものは、腸を通過させて体の外へ排除することです。

　ノーベル賞を二度受賞したライナス・ポーリング博士は、この腸の働きを「神の見えざる手」と言っています。
　つまり十分に栄養を与えてあげれば、あとは腸がちゃんとやってくれる。ただ、それをするには、腸を健康な状態に保たなければいけないということを伝えているのです。

腸内細菌は3パターン。バランスが重要

　腸内細菌の数は、全体で約100兆～1000兆個、重量は1.5～2kg。5万種類もあり、300万の遺伝子を持っているといわれ、その多くが大腸にすみついています。

　腸内細菌は、大きく「有用菌（有益菌・善玉菌）」「日和見菌」「有害菌（悪玉菌）」の3種類に分かれます。その割合は、有用菌：日和見菌：有害菌＝2：7：1で、このバランス（特に、有用菌＞有害菌）が重要です。

有用菌（有益菌・善玉菌）

　有用菌（有益菌・善玉菌）とは、体にとって有益な菌、善玉菌と呼ばれるものです。有用菌には「ビフィズス菌（ビフィドバクテリウム属）」や「ラクトバチルス菌（乳酸桿菌）」「ラクトコッカス菌（乳酸球菌）」などがあり、この中でもビフィズス菌が有用菌全体のほとんどを占めています。

ビフィズス菌は、酸素があると生息できない「偏性嫌気性菌」なので、空気が入り込む口腔から、より遠い大腸に定着しやすい菌です。一方、ラクトバチルス菌やラクトコッカス菌は、酸素があっても生息できる「通性嫌気性菌」なので、小腸（大腸に近い小腸下部＜回腸＞の近辺）に住んでいることが多いとされています。

　先頭が枝分かれしたビフィズス菌は、糖を分解する「乳酸」のほか、強い殺菌力を持つ「酢酸」や「ビタミンＢ群」「葉酸」「ビタミンＫ」などをつくりだします。これらが病原体を駆逐したり、腸管自体に有益な栄養物質を与えたりします。

日和見菌

　腸内細菌の７割を占めている日和見菌は、「バクテロイデス」「ユウバクテリア（ユウバクテリウム属）」「大腸菌（無毒株）」などの種類があります。
　日和見菌の大きな特徴は、形勢が有利なほうにつくこと。つまり有害菌より有用菌のほうが形勢が強ければ有用菌に、有用菌より有害菌のほうが優勢になると有害菌

に加担するのです。

　大事なことは、もともと有用菌2：有害菌1ですから、有用菌の多いこのバランスを保ち、日和見菌を有用菌側にしておくことです。そうすれば日和見菌自体が無害であるだけでなく、ビタミンB群をつくり出したり、感染予防に働いたりします。
　しかし、いったん有害菌側になると、やっかいです。腸内の食べかすを腐敗させ、腹痛を起こす、嘔気や嘔吐を生じさせる、といった悪影響を及ぼします。だからこそ、このバランスをキープすることが重要なのです。

有害菌（悪玉菌）

「クロストリジウム属」や「ウェルシュ菌」「フソバクテリア」「腸球菌」「連鎖球菌」「黄色ブドウ球菌」「緑膿菌」「粘草菌」など、さまざまな種類の菌があります。
　これらは腸の代謝を低下させて、栄養の吸収を弱めるだけでなく、未消化タンパク質を分解してインドールや硫黄化合物、アミンなどをつくります。いわゆる「腐敗」させるため、腐敗菌ともいいます。

この過程で生み出される物質によって、疲労や頭痛、不眠、イライラ、肌あれなどが生じ、いろいろな病気を引き起こす恐れがあります。また老廃物などの不要物が体内に滞ることで、血液はドロドロに。腸管自体の運動も弱くなり、便秘がちになります。

　さらに腸内細菌のバランスを崩すため、免疫力は低下し、風邪などの感染症やアレルギーなどにかかりやすくなります。発がん性成分も活性化させやすく、大腸はポリープやがんができやすい環境になってしまいます。

　他にも有害菌が多いと、本来腸内細菌がつくり出すビタミンB群の産生ができず、そうするとビタミンB群を必要とするセロトニンやドーパミン、GABAなどの合成や分泌もうまくいかず、精神的に不安定になったり、うつ状態になったりと悪循環に陥ります。

　とはいえ、有害菌といっても悪さばかりしているわけではありません。有害菌の一つであるクロストリジウム属は、短鎖脂肪酸の「酪酸」をつくり出します。酪酸は大腸が働くためのエネルギー源となりますし、酪酸が腸

クロム親和性細胞という細胞を刺激すると、セロトニンが分泌されます。

またアレルギーの人にとっても、よい作用があります。クロストリジウム属が、B細胞やキラーT細胞による攻撃の暴走を防ぐ制御性T細胞に作用するため、免疫反応を抑制し、結果的にアレルギー反応も抑えるからです。

有害菌もある意味、役立っているのです。あくまでも大事なのは、有害菌より有用菌優位のバランスです。

子どもの腸内細菌は母の腸内細菌で決まる!?

もともと人の腸内細菌は、生まれてくるときに決まります。

赤ちゃんの腸は、生まれる前までは無菌ですが、産道を通る途中に細菌が体内に入る場合があります。生まれてからも母親の体をなめたり、触ったりして、細菌が腸管に定着します。ですから正常分娩で生まれた赤ちゃんと母親の腸内細菌のバランスは非常に似ています。生ま

れてくる子にとって母親の腸内細菌のバランスは、非常に重要なのです。

　一方、正常分娩以外の帝王切開の場合、生まれて初めて口に入れる分娩室の空気中の細菌が赤ちゃんの腸に入り、それが定着します。

　しかし母親であろうが、分娩室であろうが、そのときに定着した腸内細菌のバランスが悪くても、子どもは成

年齢とともに移り変わる腸内フローラ
（光岡知足博士による：模式図）

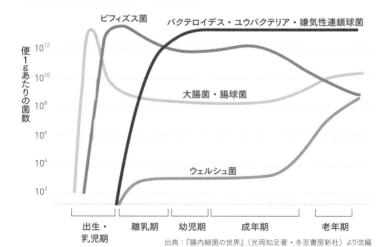

出典：『腸内細菌の世界』（光岡知足著・冬至書房新社）より改編

長する中で、いろいろなものをなめて触って、いろいろな菌を体内に取り入れます。そして生後10カ月頃までにその子の腸内細菌は決まります。

　言い換えれば、産まれてから10カ月たつと、自前の免疫で体を守れるようになるということです。生後10カ月以降は、腸内細菌のバランスをよくするものと悪くするものを知って、悪くするものは、なるべく避けるようにしなければいけません。

　56ページの図のように、年齢とともに腸内フローラ（腸内細菌の構成）は、変化していきます。生まれるときに、母親からもらったビフィズス菌などの有用菌（有益菌・善玉菌）は、出生直後に急速に増加します。

　対照的に、年をとって老年期に入ろうとする頃、特に60歳以降から、ビフィズス菌をはじめとした有用菌は減り、反対にウェルシュ菌などの有害菌（悪玉菌）が増える傾向にあります。

　バクテロイデスやユウバクテリアといった日和見菌は、乳幼児期に一気に増えて、そのまま老年期まで変わりません。

腸の働きを強くする
腸内細菌のスゴイ役割

　腸内細菌の最も大きな働きは、先述したようにビタミンなどを生成することですが、他にもいろいろあります。

免疫細胞をつくる

　腸内細菌があるからこそ、回腸のパイエル板で抗体をつくるＢ細胞が、しっかり教育されます。そこで製造された免疫細胞「IgA$^+$B細胞」は、ホーミングによって、全身の粘膜の免疫を充実させます。

病原菌を抑える

　腸内の病原菌や雑菌の増殖を抑えるのも、腸内細菌の役割。病原菌が増えると、それが出す毒素が腸を直接侵すこともありますし、毒素や病原菌が腸から漏れ出る「リーキーガット症候群」を引き起こすこともあります。毒素や病原菌が腸から漏れ出て、血管の中に入ってしまった

ら、全身を巡って深刻な病気につながる恐れも……。

　病原菌を抑えるには、そもそも腸内細菌がしっかり勢力を保つことが大事です。1000兆個ある腸内細菌全体が、腸内フローラ（腸内細菌叢）と呼ばれる腸の中のお花畑を構成することで、病原菌が住める場所をなくしてしまう、それが第一です。

腸管上皮細胞を活性化する

　腸管の上皮は、上皮細胞がそれぞれ密着し合ってできています。この細胞同士の密着に関わるタンパク質の合成を活性化するのが、腸内細菌が産生する「ポリアミン」です。また上皮細胞は、それぞれが粘液を出して、粘膜上皮に粘液層をつくり出し、抗体を産生しますが、これらを促進するのもポリアミンです。

　つまりポリアミンは、腸管上皮のバリア機能を強固にすることで、リーキーガット症候群を防ぎ、炎症やアレルギー予防に役立っているのです。

　注目すべきは、ポリアミンは有用菌だけでなく、日和見菌や有害菌からも産生していること。ここからも有害

菌の存在意義がわかります。大事なのは、病原菌ではない腸内に常在している細菌の量自体とその多様性が増えることなのです。

神経伝達物質をつくる

先ほど「腸は第二の脳」という話をしましたが、腸の神経系には、腸内細菌からつくり出されるセロトニンやドーパミン、GABAなどの神経伝達物質が関係しています。神経伝達物質は腸管由来であり、脳でも使われるようになったのです。

腸内細菌のバランスがくずれると危険

腸内細菌のバランスが崩れてしまうと、どうなるのでしょうか。

病気の人は有用菌が少なく、有害菌が多いですが、腸内細菌のバランスが崩れているから病気になっているのか、病気だから腸内細菌のバランスが崩れてしまうのか、

どちらなのかは判断できません。

　しかしながら、アレルギーの子どもの腸内細菌を調べると、ラクトバチルス菌やビフィズス菌などの有用菌より、黄色ブドウ球菌やクロストリジウム属といった有害菌が多いことがわかります。確かに、有害菌が増えると腐敗ガスが増え、その結果、腸バリア機能が弱まり、不要物が腸の粘膜を通過し、アレルギーなどの炎症を起こす可能性は十分にあります。

　また肥満の子どもは、有用菌のビフィズス菌が少なくて、有害菌の黄色ブドウ球菌が多く、自閉症患者についても同様に、ビフィズス菌が少なく、代わりにクロストリジウム属といった有害菌が多くなっています。

　さらに糖尿病患者は、健常者に比べると、有用菌であるビフィズス菌は減り、有害菌に含まれるウェルシュ菌が増えていることがわかっています。

　そう考えると、腸内細菌のバランス自体が、体に影響を与え、場合によっては病気の原因になりうる可能性はあると知っておきたいものです。

CHAPTER **3**

賢い腸に育てる

ポイントは3つあります

腸活3カ条で
賢い腸に育てましょう

「消化と吸収」「排泄と解毒」「免疫」「第二の脳」など腸には、さまざまな役割があり、そこには腸内細菌との関わりや腸のバリア機能が不可欠であることがおわかりいただけたと思います。

　腸を元気にして、賢い腸に育てるには、まさに当協会の腸活3カ条を軸に考えることが重要になります。

（1）優秀な腸管を育てる
（2）腸内環境を整える
（3）腸の老化を防ぐ

その1
優秀な腸管を育てる

　まず腸を元気に育むには、腸管自体を丈夫にすること

が大事です。なぜならば、腸管がしっかりすれば、腸の
バリア機能が高まり、余計な炎症を抑制できて、血流も
よくなるからです。

　強い腸管をつくるには、腸粘膜の土台である「基底膜
を整える」こと、そして、その土台の上に「細胞を積み
重ねる」ことの2段階で考えます。

腸粘膜の土台である「基底膜を整える」

　腸管を顕微鏡で見てみると、「基底膜」という土台に、
細胞がレンガのように積み重なってできているのがわか
ります。このつくりは皮膚も同じです。
　腸管の表面に、腸内細菌などの微生物がいるように、
皮膚の表面にも常在菌といった皮膚に有用な細菌がいま
す。ただし皮膚には、一番表側の上皮細胞の上に角化層
（角質層）ができていますが、腸管粘膜にはありません。

皮膚の構造

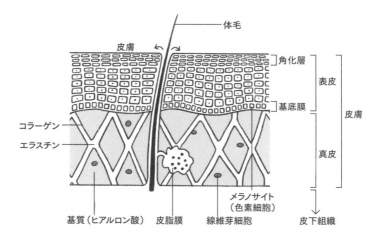

　基底膜は、建物でいうと基礎に当たる部分。高い建物をつくるときほどしっかりした基礎工事が必要であるように、堅牢な土台に、細胞がしっかりとつくられて、一つひとつの細胞が強く合わさると、腸も皮膚もしっかりしていきます。しっかりした土台ができて初めて、健康体になるのです。

　この土台となる基底膜は「コラーゲン線維」からできています。コラーゲン線維はタンパク質の一種で、体を

構成するタンパク質の約30%を占めています。

　たとえば骨を支えているのもコラーゲン線維であり、それをカルシウムやマグネシウムが補強しています。コラーゲン線維は、人体のいたるところで支える役割をしていますから、まずコラーゲン線維をしっかりつくることが、土台づくりの第一歩といえるでしょう。

　コラーゲン線維は、体内の細胞内でつくられますが、必要なのはタンパク質（アミノ酸）の鎖がつくられること。そのためには、良質な「タンパク質」を摂ることが大事になります。

コラーゲンの構造

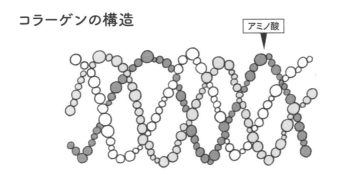

3本のらせん構造からなるコラーゲン分子

とはいえ、ただアミノ酸の鎖がつくられただけでは不十分で、3本の鎖をより合わせて初めて、1本の丈夫な線維をつくることができます。このように鎖をより合わせるには、タンパク質のほか「鉄」や「ビタミンC」などの栄養素も必要に。

　またコラーゲン線維でできた基底膜の上をいろいろな細胞がおおうことで粘膜ができていますが、それらの細胞をつくる過程にも、タンパク質や鉄分、亜鉛が必要になります。細胞自体もタンパク質でできていますから、何よりもまずタンパク質をしっかり摂りましょう。

　タンパク質の量を増やすには「亜鉛」が必要です。さらに亜鉛と一緒に働いて、細胞を増やすのは「ビタミンA」、細胞と細胞をくっつけて、腸のバリア機能を強化するのが「ビタミンD」です。

　いずれにしても元気な腸をつくるには、コラーゲンで土台をしっかりつくることが大事。建物も土台がきちんとできていないと、急に崩れることがあるのと同じように、体も土台がきちんとできていることが何よりも大切になります。

細胞の分裂と積み重なりが大事

　細胞を積み重ねるには、細胞のもととなるタンパク質が必要です。タンパク質を体の中で合成するには、糖質や脂質といったエネルギー源も大量に必要になります。
　これらの栄養をしっかり消化、吸収するには、消化酵素が働く必要があります。酵素自体はタンパク質でできているので、やはり、まずタンパク質をしっかり摂ることが重要です。

　小腸でも、アミノ酸の一つであるグルタミンがエネルギー源として使われるため、タンパク質やアミノ酸を摂取する意義は大きなもの。またグルタミンをエネルギー源として回すには、「ビタミンB群」などが必要になりますし、それに続くエネルギー産生経路となる電子伝達系では「鉄」が不可欠です。

　また細胞は積み重ねるだけでなく、増やしていかなければなりません。一つひとつの細胞を分裂させて、それぞれの細胞の中にあるDNA（デオキシリボ核酸）を増やしながら、そのDNAに書かれている遺伝情報に基づ

いて、新しい細胞をつくり出していくことで、細胞は増えていきます。

そのためには「ビタミンB群」「核酸」「亜鉛」などが必要になります。

増えた細胞が隙間なく組み合わされるには、腸内細菌が生み出す「ポリアミン」が重要ですので、腸内細菌を育てることが大切なのはいうまでもありません。

優秀な腸管を育てるために避けたいこと

第一に腸管への刺激を減らすこと。そのためにはリーキーガット症候群などのリスクを高める「未消化タンパク質」は減らしましょう。

未消化タンパク質になりやすいのが、小麦に含まれる「グルテン」、乳製品に含まれる「カゼイン」、大豆製品に含まれる「レクチン」です。

小麦粉の「グルテン」

「グルテニン」と「グリアジン」という二つのタンパク質が合わさることで、モチモチ、ネバネバの「グルテン」になります。

ところが近年、小麦の品種改良が進み、特にグリアジンは、ネバネバだったのが、ネッバネバと粘り気が強くなり、それによってグルテンもモッチモチ、ネッバネバになってきました。

そういった小麦粉を練って発酵させると、弾力のあるおいしいパンやうどんができますが、それらが体に入ると、消化しきれないという問題が起きてきました。消化しきれないと、腸の壁に未消化物がくっついて、腸を痛めてしまいます。壁や床にくっついたガムを無理やりはがすと、壁や床の素材がはがれてしまいますが、それと同じことが腸内に起こってしまうのです。そして、リーキーガット症候群を生じやすくします。またグルテンを多く含む小麦は、血糖値の乱高下を招く恐れもあります。さらに中毒性があるので、食べると、また食べたくなる。それで食べていると、調子が悪くなってしまう。負のスパイラルに入りやすい危険な食品なのです。

牛乳の「カゼイン」

牛乳に含まれる「カゼイン」も、グルテンと似たような作用で、腸管を弱らせます。小麦粉は、それほど食べていないのに、腸内環境がよくない場合は、カフェラテやカフェオレなど、何気なく牛乳を飲んでいることがあります。

もともと腸の状態がよく、しっかり消化されれば、問題ありませんが、腸の状態がよくない人は、グルテンやカゼインがさらなる悪化を引き起こす可能性があるので、注意したいところです。

大豆製品の「レクチン」

大豆や一部の野菜に含まれる「レクチン」も、腸管に悪さをします。特に、あまり火の通っていない大豆は、腸にとって毒になる恐れがあるので、大豆を食べるときは、火をしっかりと通したり、十分に発酵させたりすることが大事。豆腐や豆乳は温めて摂りましょう。納豆や味噌まで発酵させていれば問題ありません。

またタンパク質が豊富といわれる大豆ですが、実は大

豆タンパク質は、人間が健康に生きていくために食べものから必ず摂らなくてはならない（体内では合成できない）アミノ酸成分（「必須アミノ酸」といいます）のうち、特にメチオニンというアミノ酸が欠けています。ですから、麻婆豆腐や肉豆腐などのように動物性のタンパク質を組み合わせるとよいでしょう。

　正直なところ、タンパク質の消化能力には、個人差があります。遺伝子検査をすると、グルテンの消化酵素を持っている人と持っていない人、つまり消化しやすい人と消化しにくい人がいることがわかります。
　自分は、どんなものが消化しにくいか、客観的に知りたい人は一度、遺伝子検査をしてみるのも手でしょう。
　ちなみに、最近よく使われる「DPP-4阻害薬」という糖尿病の薬は、グルテンの消化を悪くします。ですから、この薬を飲んでいる人は、グルテンを摂らないほうが無難です。

その2
腸内環境を整える

　腸内環境をよくするには、腸内細菌のバランスを整えること。そして、よい腸内細菌を増やすことです。
　先述したように、腸内細菌は「有用菌（有益菌・善玉菌）」「日和見菌」「有害菌（悪玉菌）」と分かれていて、その割合は2：7：1。有用菌が多いか、有害菌が多いか、その結果で日和見菌が多数派に加担することを考えると、いかに有用菌の多いバランスに保ち続けて、かつ有用菌を増やす方向に持っていかなければいけないかということです。

　有用菌を増やすには「プレバイオティクス」と「プロバイオティクス」の2つの考え方が大切です。

プレバイオティクス

　プレバイオティクスとは、有用菌のエサとなり、その増殖を促す材料のこと。有用菌のエサになるということ

は、小腸の上部で消化、分解されず、小腸の下部から大腸まで届く難消化性のものであることが大事。その代表例が「食物繊維」「オリゴ糖」です。また「レジスタントスターチ」についても、知っておいてほしいですね。

　プレバイオティクスをとると、乳酸菌やビフィズス菌の増殖を促進する作用や整腸作用、ミネラル吸収促進作用など、私たちの健康に有益な効果が期待できます。

食物繊維

　食物繊維は、水に溶けやすい「水溶性食物繊維」と水に溶けにくい「不溶性食物繊維」があります。
　水溶性食物繊維は水に溶けてゲル状になることにより便に水分をたっぷり含ませるため、便の滑りがよくなり、便通が改善します。また余分な糖質や脂質の吸収を妨げるので、食後の血糖値の上昇を抑えて、肥満予防になります。さらにコレステロールのとりすぎも抑えてくれます。海藻類や果物類などに豊富に含まれています。
　一方、不溶性食物繊維は水に溶けない分、便の量が増すので、排便を促す働きがあります。穀物類や豆類、い

も類、根菜類、ナッツ類、きのこ類、葉野菜に多く含まれます。ただし不溶性食物繊維を摂りすぎると、かえって便を硬くして、便秘を起こす恐れも。水溶性と不溶性の両方をバランスよく摂りましょう。

オリゴ糖

　有用菌はオリゴ糖をエサとして代謝し、エネルギーを生み出します。

　代表的なものが、母乳に含まれている「ガラクトオリゴ糖」。タンパク質やビタミン類・ミネラル類の吸収をよくし、母乳を飲む赤ちゃんの腸内環境を育みます。ごぼうや玉ねぎなどに含まれる「フラクトオリゴ糖」は、ミネラル類の吸収を助けます。他にもとうもろこしや麦に含まれる「キシロオリゴ糖」、砂糖大根（ビート）に含まれる「ラフィノース」、サトウキビに含まれる「乳果オリゴ糖」、大豆に含まれる「大豆オリゴ糖」など、いろいろな種類があり、それぞれが異なった菌のエサになります。だからこそ、いろいろな種類のものをとるとよいでしょう。

レジスタントスターチ

　たとえば、米飯＆もち麦を一晩冷やすと、体内で消化されにくいでんぷん「レジスタントスターチ（難消化性でんぷん）」が増します。これらは大腸まで消化されずに運ばれて、ビフィズス菌や酪酸菌など有益菌のエサとなり、酪酸などの「短鎖脂肪酸」を産生します。

　このようにしてつくられた短鎖脂肪酸は、腸（特に大腸）の主要なエネルギー源となり、腸の上皮細胞の増殖をサポートする作用があるだけでなく、腸内を弱酸性に保ち、有害な菌の増殖を抑える、腸のぜん動運動を促進する、粘膜免疫の強化に役立つ、余計な炎症を抑制する……など、腸自体の健康に役立つ効果があります。

　また食欲を抑えたり、脂肪の蓄積を抑えたりといったダイエット効果も期待できます。

プロバイオティクス

「プロバイオシス」＝共に生きる、という言葉が由来のプロバイオティクスは、宿主にとって有益な作用を持つ生菌体という意味です。簡単に言うと、腸内細菌のバラ

ンスを整える有用菌を口から直接、腸に入れようというもの。

　しかしながら人間の体は、胃液や胆汁による殺菌作用によって、そう簡単に外部から細菌をとり込むことはできません。特に健康な人の胃の中に出る胃酸だと、かなりの細菌が死んでしまいます。
　実際、生きて腸まで届く菌は、大容器のヨーグルトの半分を一度に食べないとほとんどないといわれています。

　とはいえ胃酸や胆汁で、ほとんどの有用菌が死んでしまっても、死んだ後の菌体成分自体は、私たちの体にとっては有益です。たとえば、そういった菌体成分がパイエル板にとり込まれれば、免疫機能は高まります。乳酸菌の菌体成分の一部には、血圧降下作用があるものもあります。

　プロバイオティクスとなる有用菌が腸に届けば、腸内のバランスが整い、腸管の免疫力が高まり、病気に感染しにくくなります。
　また病原体の増殖を抑えることで、腸内感染を防ぎ、

腸内上皮細胞が活性化する。そのおかげで腸バリア機能がアップし、消化管の運動が促されます。いいこと尽くしなのです。

　有用菌が直接腸に届けば、腸内バランスが整い、それによって腸管が強化されます。たとえば有用菌の一つである乳酸菌が、腸内に生きたまま入ると、腸の中の乳酸を分解し、乳酸の消化能力が高まります。
　いわゆる「乳糖不耐症」といわれる、乳糖を分解する能力が弱くて下痢を起こす人は、このような乳酸菌が助けになることがあります。
　とはいえ、摂ったほうがよい菌は症状によって変わります。便秘のときは、大腸の環境をよくするビフィズス菌、下痢のときは、小腸に住みつくラクトバチルス菌を入れると改善することがあるでしょう。
　腸内バランスを良好に保つには、プレバイオティクスとプロバイオティクス、両方をうまく組み合わせること。たとえば乳酸菌がたっぷり入ったヨーグルトに、オリゴ糖を含むハチミツを入れる、食物繊維が豊富な大根をキムチにして乳酸菌を増やす、といったこと。どんな組み合わせがあるか、ぜひいろいろトライしてみてください。

腸内環境を整えるために避けたいこと

　腸を元気にするには、腸内細菌をしっかり育てることが大事で、プレバイオティクスやプロバイオティクスの摂取も重要ですが、同時に腸内細菌を減らさない努力も大切です。特に腸内細菌のバランスを乱すものには、注意が必要。それを防ぐには「余計なものを摂らない」「ストレスを溜めない」ことです。

余計なものを摂らない

　以下は、腸内細菌のバランスを乱す「余計なもの」です。極力、摂らないように心がけましょう。

薬

　病院や薬局でもらう薬には、気をつけましょう。特に「抗生物質（抗生剤）」は、細菌にのみ効き目のある薬（つまり、ウイルスなどの他の病原体には効き目ゼロ！）で

す。なので、風邪で処方された場合の抗生物質は、有用菌も含めた腸内細菌の多くを殺してしまうので要注意！いったんそうなった場合、腸内フローラがほぼ元通りになるまで約1カ月程度の時間がかかります。

　ただし抗生物質が必要な場合もあるので、処方してもらったら、それが現在の症状に、どれだけ必要で、どんな効果があるのか、副作用はどのようなことが考えられるのかということを、医師にしっかり確認してほしいですね。

　また胃の中の酸を抑える「制酸剤」タイプの胃薬にも要注意。胃酸は外から入ってくる病原菌を殺しますが、制酸剤はそれを抑えるため、本来殺されるはずの病原菌が、そのまま消化管に入ってしまうリスクがあります。
　さらに胃内でのタンパク質の消化も悪くなり、その分を腸が請け負う必要が出てくるため、未消化タンパク質が多くなる可能性が高まります（未消化タンパク質が増えることで、腸内細菌がさらに悪化する恐れがあり、リーキーガット症候群などの問題も起きやすくなります）。
　各種痛み止めも血液の流れを悪くし、胃の痛みの原因になるので、強い痛み以外は避けたほうが無難です。

食品添加物

　安息香酸や安息香酸ナトリウム、酸化防止剤など細菌の増殖を抑える「添加物」、またトランス型脂肪酸であるソルビン酸などを含めた「保存料」は、口から腸に入ると、有害菌も増えにくくなりますが、有用菌も増えにくくなります。腸内細菌の数が全体的に減少し、結果的にバランスがくずれて、腸自体も弱くなってしまいます。
　食品を酸性に保つことで腐敗を防ぐ「pH調整剤」も腸に入ると、有用菌を殺してしまう可能性があります。食品を購入するときは、必ず商品パッケージにある成分表示を確認しましょう。

　その他、「カロリーゼロ」「カロリーオフ」とうたった食品のほとんどは、「人工甘味料」が使用されているので注意。人工甘味料を大量に摂っている人は、日和見菌のバクテロイデス・フラジリスが増えることがわかっています。先述した通り、日和見菌であるだけでは問題は起こりませんが、有害菌が多いと、バクテロイデス・フラジリスは有害菌と同じ働きをして、大腸内の炎症を強め、さらに大腸がんを引き起こす原因になり得ます。油

断大敵です。

　また腸内でつくられる各種神経細胞物質のうち、満足させるホルモンであるドーパミンは、砂糖を摂っている場合は生成されますが、人工甘味料のみを摂っている場合だと生成できないことが実験でわかっています。
　つまり人工甘味料の甘みでは、甘いものへの渇望は消えず、腸内環境もよくならないということ。また人工甘味料を摂っているほうが肥満になるという報告もあります。基本的には、百害あって一利なしと考えてよいでしょう。

塩素・フッ素

　水道水には、雑菌を殺すために「塩素」が混入されているので、そのまま飲むのはNG。腸内細菌のバランスを壊します。塩素を取り除く浄水器が必要になります。
　さらに「フッ素」は、塩素よりも反応性が高いため、歯磨きやうがいの際にフッ素の入ったものを使う場合は、極力飲み込まないように気をつけましょう。特に、乳幼児や飲み込みの悪い高齢者への使用時は要注意です。

ストレスを溜めない

- **楽しい気分で食べる**

食事をするときに、悲しい気持ちやつらい気持ち、寂しい気持ちなどネガティブな気分だと、胃酸や消化酵素が出にくくなり、タンパク質がうまく消化できず、食物のかすが腸管に残ってしまいます。そうすると腐敗菌である日和見菌や有害菌が強く働こうとして腸内細菌のバランスが崩れてしまいます。

腸のためにも、明るく楽しく食卓を囲みましょう。

- **脳を働かせる**

ストレスを溜めないためには、しっかりと脳を働かせることが大事です。脳が思うように動かないと、結果的に不満を増大させて、ストレスの原因になります。脳を効率的に動かすには、脳に必要な栄養分を補うことが重要です。

脳に必要な栄養分とは何でしょうか。「脳のエネルギー源はブドウ糖だから、しっかり糖分を摂る必要がある」とよくいわれますが、エネルギー源として使えるのはブ

ドウ糖だけでなく、「ケトン体」と呼ばれるものも使えます。

　ケトン体とは、脂質を分解してできた脂肪酸が、さらに代謝されることでできるもの。狩猟や採集で食べ物を得ていた大昔は、現代のように毎日食事にありつくことは難しく、そのときに役立ったしくみがケトン体代謝です。
　たとえば、ふだん食べられなくても、たまに大きな獲物を狩りでしとめたとき。それを食べて、余ったら、中性脂肪などの脂質として体の中に貯めて、食べられないときは、一部を分解してケトン体として脳のエネルギー源に使っていました。人類はケトン体で飢えをしのぎ、生き延びてきたのです。

　現代でも、ケトン体を使うしくみがあります。ズバリ「糖質制限」です。糖質をあまり摂らなくても問題ないのは、脂肪由来のケトン体を脳がエネルギー源として使えるから。
　生命を維持していくには、アミノ酸（タンパク質）・脂質・ビタミン・ミネラルの４つが必須栄養素になりま

すが、ここに三大栄養素といわれる炭水化物・タンパク質・脂質のうち、炭水化物（糖）が入っていないことからも、生命を維持するためには、炭水化物＝糖質はさほど必要ないことがわかります（ちなみに、赤血球はミトコンドリアが無いため、ブドウ糖しか使えません）。

　とはいえ、ケトン体がエネルギー源として使われるには、「ビタミンＢ群」「鉄」などが必要になります。またエネルギー源としてパワーアップさせるには、他に、CoQ10なども必要になります。エネルギー代謝酵素本体の材料となるアミノ酸（タンパク質）も十分に必要になると知っておきましょう。

・**脳腸相関を活かす**
　先述した脳腸相関も、腸内や脳内でそれぞれつくられている神経伝達物質が重要な要素です。腸の働きがよくなれば、脳の状態もよくなるので、ストレスも溜まりにくくなります。
　脳での神経伝達物質生成に必要な栄養素は、トリプトファン、フェニルアラニン、グルタミンといったタンパク質を分解してできるアミノ酸です。

これらのアミノ酸は、代謝酵素を使って変化していきますが、酵素本体もタンパク質の一種ですから、タンパク質自体が十分にあることはもちろん、タンパク質の代謝や合成がしっかりできることも大事です。
　また酵素が働くには「ビタミンB群」「ビタミンC」を含むビタミンや、「鉄」「亜鉛」「マグネシウム」「銅」といったミネラルが必要になります。

　マグネシウムをとるうえで大事なのは、カルシウムとの比率。マグネシウム1：カルシウム1〜2、とややカルシウムが多めなことがポイントです。
　きな粉や大豆、油揚げ、厚揚げ、がんもどきなどの豆類、煮干しやイワシ、シシャモ、シラスなどの魚類、干しエビや桜エビなどの魚介類、ひじきやわかめ、とろろ昆布などの海藻類であれば、マグネシウムとカルシウムが同時に摂れて効率がよいでしょう。他に、にがりやバスソルトなどを浴槽に入れ、肌から摂取するのもおすすめです。

　さらにマグネシウムは、オリゴ糖やビフィズス菌と一緒に摂ると吸収率がよくなるので、ビフィズス菌の入っ

たヨーグルトに、きな粉やはちみつをたっぷりかけて食べるのはおすすめです。

　銅は多くの食品に含まれているので、通常の食生活で不足することは、ほとんどありませんが、特にレバーや肝（きも）、干しエビ、シャコ、イカ、牡蠣などの魚介類に多く含まれています。鉄を吸収して活用するのに欠かせない存在であり、吸収のよいヘム鉄をとれるレバーや肝（きも）、煮干し、イワシなどは、鉄と銅を同時に摂れる効率のよい食品といえるでしょう。

糖質を短時間に大量に摂りすぎない

　糖質を一度にたくさん食べると、ストレスがかかります。糖質を摂ると血糖値が上がり、ある一定レベルより上がりすぎると、インスリンという血糖を下げるホルモンがたくさん出て、血糖値が急激に下がるからです。
　血糖値が下がりすぎてしまうのは、人間の体にとって生命の危機。そのため血糖値が下がりすぎてしまうと、人体はその値を安全レベルに戻そうと、ノルアドレナリンなどの交感神経を強く刺激するホルモンを大量に出し

てしまうのです。その際には、ビタミンCも大量に消費され、その結果、体をさびさせる活性酸素をさらに生み出しやすくなります。

　また血糖値が下がりすぎると、食欲も刺激されます。それで再び糖質の多いものを摂ると、また血糖値が急激に上昇し、そしてインスリンが出て、血糖値が急降下して……、といった悪循環を繰り返すことになります。

　いったん上がった血糖値が下がるときには、ボーっとなって眠くなりますが、下がりすぎるとイライラして、再び血糖値が上がる、そして下がるときに、またボーっとなる。つまり、血糖値の急上昇や急降下は「頭の中のジェットコースター」のようなもので、疲れやすくなり、結果的にストレスを溜めることになるのです。
　また糖質を大量に摂ると、タンパク質に糖がくっついて変性してしまう「糖化（こげた状態になること）」が起こります。腸の細胞自体や酵素にも糖化を起こし、腸の機能を低下させるので、糖質の摂りすぎには、くれぐれも注意したいところです。

血糖値ジェットコースターのでき方

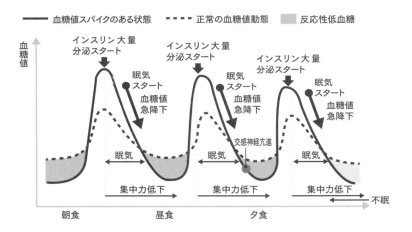

そんな糖質の影響を防ぐには、次の２つの方法があります。

・**食べ順を守る（おかずファースト、糖質ラスト）**
食べ方の順番を守るということ。具体的には、肉や魚などのタンパク質や食物繊維の多い野菜を先に食べて、８〜30分してから最後に糖質の多い米や小麦などの穀物類を少量摂る。あとは、それらの繰り返しで。具材に糖質が少なければ、汁ものを先に摂るのも良いでしょう。

・**しっかり噛む**

　口に入れた食べ物をしっかりと噛むことで、脳への血行をよくし、食事の時間を長くとることができます。そうすると、短時間での糖質の大量摂取を防げることで、急激な血糖上昇を抑制できます。

　食事中のネガティブな気分だけでなく、疲れていたり、睡眠不足だったり、さまざまなストレスがかかっていると、腸内バランスは乱れます。あまりくよくよせず、明るく楽しく暮らすことが大事です。

　しっかりと噛むことや普段のストレスケアについては4章で、詳しくご紹介します。

その3
腸の老化を防ぐ

　細胞自体が老化すれば、腸も体も老化していきます。
　体を老化させるのは、活性酸素です。活性酸素とは、呼吸によって体に取り込んだ酸素が、文字通り活性化され、反応しやすくなっている状態。体の中に何らかの「炎

症」があったり、血液中の糖が多かったりして活性酸素が過剰になると、体の中が酸化（サビた状態になること）し、不調や病気、老化などの害をもたらします。

体の中の炎症には「リーキーガット症候群」も含まれます。腸粘膜バリアが弱くなり、アレルギーの原因物質（アレルゲン）が体内に入ると、体はアレルギー反応を起こします。未消化のものに対して、たまたまできた抗体が、自分に対して攻撃してしまう、自己免疫疾患の原因になる恐れもあるのです。

腸の老化を防ぐには、腸活を習慣化すること。食事をはじめ、運動や睡眠、温め、ストレスケアなどに気を配りましょう。特に体温が低い人は、もともと腸内細菌のバランスが乱れていて、老化が進みやすくなっています。運動して筋肉をつくる、お風呂に入って体の芯から温まる、など温活に励みましょう。特に運動をすると、筋肉がつくられるだけでなく、リフレッシュもしますし、睡眠の質も高まります。運動には多くのメリットがあります。

またストレスが強い人ほど、腸機能が低いので、ストレスケアも重要です。

当協会の腸活3カ条をベースに腸活を行えば、人生100年時代を生き抜く、賢い腸を育めることがおわかりいただけたでしょうか。

　腸活を習慣化するコツは、次の章で具体的にお伝えします。

CHAPTER **4**

今日から始めたい！12の腸活習慣

みるみる元気になります！

腸活を当たり前にしましょう

　腸を元気にして、さらに賢い腸に育てるためには、次に紹介する12の腸活を習慣化しましょう。

- 習慣1　便チェックをする
- 習慣2　体温チェックをする
- 習慣3　水分を摂る
- 習慣4　腸食を心がける
- 習慣5　よく噛む
- 習慣6　口腔ケアをする
- 習慣7　トイレを我慢しない
- 習慣8　お風呂に入る
- 習慣9　マッサージをする
- 習慣10　よい睡眠をとる
- 習慣11　ストレスケアをする
- 習慣12　運動をする

習慣1
便チェックをする

　毎日、自分の便の状態を21ページのブリストルスケールに合わせて、客観的に観察しましょう。便を見ると、自分の今の腸レベルを知ることができます。
　便チェックで自分の生活を振り返る習慣が定着すると、自分の体の異変にすぐに対処できるようになります。つまり自分で、自分の体のドクター（主治医）になることができるわけです。

　客観視できないときは、腸内検査で確認するのもよい方法です。腸内検査は「菌の種類を調べる検査」と「腐敗物の量を調べる検査」の2種類ありますが、腸内で作られた腐敗物の量を調べる腸内環境検査のほうが、尿を採るだけでお手軽にでき、有害菌（悪玉菌）がどの程度増えている傾向にあるのか、腸管内での消化がうまくいっているかどうかがわかり、腸の状態を把握しやすいでしょう。検査キットは、ネットでも手に入ります。
　ただし下痢気味の人は、逆に検査結果がよくなる傾向があるので、専門家に聞きながら行うのがおすすめです。

習慣2
体温チェックをする

　腸内の有用菌（善玉菌）が育つ適正体温は36.5〜37度です。体温が高いと有用菌が増えますが、反対に体温が低いと、全身の血行が悪くなることで、腸の動きも悪くなります。そうすると、大腸においても便が長い間溜まってしまい、有用菌と有害菌のバランスが崩れます。また、おなかも冷えることで腸内細菌が減ってしまう結果、有害菌の割合が高くなり、腸内環境が悪くなる可能性もあります。

　毎日、決まった時間に体温を測り、体温の低い人は温活に取り組みましょう。
　体温を上げるには、体を温める食材（5章参照）や温かいものを摂る、運動をして筋肉をつける、入浴・サウナ浴や岩盤浴で温めるといったやり方があります。
　またストレス度合いの高い人は、体温が低い傾向にありますので、リラクゼーションを意識しましょう。
　温活で体温が上がると、血流が改善します。運動で筋肉が増えてくれば、自然に基礎代謝も上がり、免疫力も

アップ。さらに、体温が上がると、有用菌が増えて腸内環境も改善。いいことづくめです。

習慣3
水分を摂る

　水分を十分に摂ると、便がやわらかくなり、排便がスムーズになるため、腸活に水分は欠かせません。特に朝いちばんの水分は、腸のぜん動運動を起こして排便を促します。

　適切な水分量は、人によって異なります。その目安は「体重×30ml」です。たとえば、体重が50kgの人なら、適切な水分量は50kg×30ml＝1500ml＝1.5ℓ。上限は2ℓですから、67kg以上の人は2ℓになります。

　飲み方としては、一日かけて必要量を、こまめにチョビチョビと飲むこと。一気に大量に飲むと、胃酸が薄まってしまいます。特に食事の前後に飲みすぎて胃酸が薄くなると、消化が抑えられる可能性があるので、食前30分、食後1時間ぐらいは少なめにしておきましょう。

暑い時期は、特に冷たいものをガブガブ飲みたくなりますが、冷たい水は、いったん口に含んで少し温めてから、ゆっくりと飲みこみましょう。
　水分はミネラルウォーターかノンカフェインのものを。炭酸水もＯＫです。炭酸水は、胃での消化を助けてくれます。また、水にレモンや酢を入れても、胃の中を酸性にし、消化をよくするのでおすすめです。

習慣4
腸食を心がける

　食事に「しくみかはたやすい」を取り入れましょう。
「し」…しいたけ（きのこ類）
「く」…果物
「み」…水
「か」…海藻類
「は」…発酵食品
「た」…タンパク質、だし
「や」…野菜
「す」…酢
「い」…いい油

丈夫な腸管にするには、十分な量のタンパク質を摂る、腸内環境を整えるには食物繊維の多いものを摂ることが重要です。CHAPTER 5で詳しく解説します。

習慣5
よく噛む

あまり噛まず、早食いの人は消化が悪く、結果的に下痢や便秘になっていることが珍しくありません。ですから、よく「噛む」ことは大切です。また腸活にはおなかを動かすリズム運動が大事ですが、しっかり噛むこともリズム運動の一つです。「ガムを噛む」のもよいでしょう。噛む回数は、一口33回以上を目指しましょう。

なかなか、噛めない人は、箸置きを使うのがおすすめです。食べ物を口に入れたら、いったん箸を手から離して、箸置きに置く。箸を持ったままだと、どんどん食べ物を口に運んでしまいます。

お気に入りの箸置きを選び、それを活用しながら、しっかりと噛んで食べることを心がけましょう。

習慣6
口腔ケアをする

　腸活に、口腔ケアは重要です。虫歯や歯周病など、口の中の病気が多い人は、改善が遅くなります。特に歯周病の進んでいる人は、腸内細菌の育ちがよくありません。
　歯周病や虫歯は放置せず、定期的にデンタルチェックを行いましょう。ふだんから食後にうがいや歯みがきをして、こまめに口腔ケアする習慣は大切です。

習慣7
トイレを我慢しない

　男性の方、子どもの頃にトイレで個室に入ると、からかわれたことはありませんか？　そういう経験のある人は、大人になってからも「トイレに行くのがこわい」「自宅でしかできない」と言って、なかなか外で排便ができないようです。また仕事が忙しかったり、お客さんと話したりしているうちに、トイレに行くタイミングを逃して、そこで我慢してしまって、もう行かない。そんなことも珍しくないようです。

しかし、排便はしたくなったときがチャンス。それを逃すと、なかなか出にくくなってしまいます。外でトイレをしにくいときは、なるべく朝、出勤前に済ませる習慣をつけておきましょう。

　出勤の一時間前には起きて水を飲んで、腸を動かす。食事の支度をしたり、食べたりしてから30分ぐらいすると、便意を催します。それで排便を済ませてから家を出る。

　排便の習慣がついていないと結局、朝起きて、腸が動かないうちに出勤して、昼ごろに行きたくなる。でも、それを我慢してしまう。そんな悪循環に陥ってしまうので気をつけましょう。

習慣8
お風呂に入る

　体が冷えているとストレスを感じやすくなるので、シャワーではなくお風呂に入り、体の芯から温まりましょう。

　40〜41度のお風呂に10〜15分入り、汗が出てきたら温まった証拠です。お風呂から上がって1時間以内に布

団に入ると、上がった深部体温が急降下して、ぐっすり眠れます。この際、体温は主に足裏から逃げていきますので、裸足で寝るほうがよいでしょう。

習慣9
マッサージをする

　おなかが冷えていると、腸内細菌が育ちにくいので、マッサージをして温めましょう。おなかが冷えているかどうかは、仰向けに寝て、へその周りに手を当ててみるとわかります。ひんやりとして、固くてゴロゴロしたもの、特に押したときに痛みがあれば、血流が滞っているという証拠。

　女性はおなかの上に右手を当てて、その上に左手をのせて、へその周りを"の"の字に動かしましょう。男性は左手が下で、右手が上、と女性と反対にします。女性の手と男性の手の位置が異なるのは、気の出方が違うからです。女性は右手のほうが出やすい、男性は左手のほうが出やすいといわれています。

　押して痛みがあった箇所を重点的に、おなか全体をやさしくマッサージしながらほぐしていくと、血流がよく

なって、腸から入った栄養が全身に回りやすくなります。
　マッサージは、寝転がっておなかと足を伸ばした状態のほうがわかりやすいので、寝る前や起きた後など、布団の中で行うとよいでしょう。

　また、おなかを温めるには、二枚パンツをおすすめしています。二枚パンツとは、ふつうのパンツの上から、ウエストまである大きめのパンツをはくこと。ただし寝るときは、脱いで熱の出入りをしやすくしましょう。他に腹巻きをするのもおすすめです。

習慣10
よい睡眠をとる

　睡眠は時間も大事ですが、それ以上に質が大事です。深く眠ることができれば、副交感神経が働き、腸の動きがよくなりますが、反対に緊張して眠れない、交感神経が優位な状態だと、腸の動きを悪くする可能性があります。眠れないと、ストレスも溜まります。
　また熟睡すると、気分を落ち着ける「GABA」という神経伝達物質が出やすくなり、アルツハイマー型認知症

に関わる「βアミロイドタンパク質」が、脳に沈着するのを防ぐともいわれています。

　質のよい睡眠をとるには、起床後できるだけ早めに日光などの強い光を浴び、日中は適度に体を動かし、腸食で体全体に栄養を行き渡らせること。夕飯は睡眠２時間前までには終えて、そのうえでお風呂で体を温めましょう。寝つきもよくなるはずです。また、夕方以降はあまり強い光に当たらないようにするのも大事です。

　注意したいのは「睡眠時無呼吸性症候群」です。睡眠中に息ができなくなると、熟睡が難しくなるので、きちんと治療し、寝ているときも呼吸できる状態にしておかなければいけません。治療しないままだと、がん・心疾患・脳血管疾患といった、いわゆる三大疾患や認知症のリスクが増えることも明らかになっています。
　しっかり寝ているつもりでも、昼間は眠い、朝起きるのがつらい、寝ている最中に自分のいびきで起きる、という人は一度、検査を受けてみましょう。
　まず家族やパートナーに協力してもらい、寝ている最中に息が止まっていないか確認してもらうとよいですね。

習慣11
ストレスケアをする

　ストレスが高まると、交感神経が優位になり、消化・吸収が十分にできなくなり、未消化物が増えることにつながります。またストレスの軽減は、その影響を受けやすい腸内細菌にとっても大切です。
　ストレスケアは、まずは食事からの改善が効果的です。体に栄養を与えると、腸の状態がよくなり、その結果、脳で分泌される幸せホルモンのセロトニンが増加し、気持ちが穏やかになります。

　その他、こんなストレスケアもおすすめです。

・深呼吸する
　静かにゆっくりと息を吐くことを意識すると、副交感神経が優位になり、リラックスにつながります。

・笑顔をつくる
　口角を上げて笑顔をわざとつくったり、笑いヨガのようにあえて大笑いをしたりしましょう。脳は、だまされ

やすいので、笑顔をつくるだけでも、（笑顔ってことは、楽しんでいるんだな？　じゃあ、楽しんじゃおう！）と勝手に思います。ですから楽しくなくても笑顔をつくると、それだけでもセロトニンが分泌されることで、自然と幸福感が得られるのです。

・オンとオフを切りかえる

　仕事以外で息抜きできる趣味など、何かに没頭できる時間を持ち、自分の好きなことをするとよいでしょう。音楽を聴く、歌を歌う、歩く、といったことも気分転換になります。

・朝日を浴びる

　朝、太陽の光をしっかり浴びると、セロトニンの分泌が促進されます。また眠りのホルモンであるメラトニンもつくられやすくなるため、夜もぐっすり眠れます。

・新しいことに挑戦する

　やる気ホルモンのドーパミンは、有酸素運動のほか、新しい刺激や初めての感動でも分泌されます。いつもと違う道を通る、新しいことに挑戦するといったことは非

常に有効です。心からワクワクすることを想像するだけでもよいでしょう。

習慣12
運動をする

　腹筋や骨盤内底筋を鍛えておくと、排便力が高まります。歩くときもおなかや肛門を意識して、キュッと締めて歩くとよいでしょうね。

　といっても腸活では、あまりはげしく動く必要はなく、軽い運動でOKです。

　意識してほしいのは、おなかを振動させる動き。たとえば、歩くときは、振り出した足のかかとで着地し、その後、着地した脚の膝は曲げないようにして、そのつま先で蹴りながら、体全体で前に出る。そして、もう一方の足を振り出すという感じにして、歩幅がしっかりと出る歩き方にする。他に、なわとびをする、トランポリンを使ってジャンプする、など体自体を揺らすことで、おなかが動きやすくなります。ウォーキングは毎日最低10分。できれば30分は行ってほしいですね。

　また体全体をユラユラ動かしたり、手足をあげてブラ

ブラしたりなど、血流を促す運動もおすすめです。スクワットも下半身の筋肉をつけて血流をよくします。

デスクワーク中は、足先の曲げ伸ばし、かかとの上げ下げ、を行うのもよいでしょう。

実はこわい、腸の病気

排便状態に問題がないのは、腸が元気な証拠。反対に便の色や形がいつもと違う、便秘と下痢を繰り返すなど、排便状態に問題が起きると、腸の病気につながる恐れがあるので要注意です。

それが一過性であるなら、それほど心配することはありません。お酒を飲んで便がやわらかくなる、緊張して便秘や下痢になるといったことはよくあること。元に戻れば問題ないでしょう。

しかし、それが続くときは、あまりよくない兆候といえます。たとえば、便が黒っぽい場合は、胃や十二指腸の潰瘍の可能性があります。血便が出たらポリープや潰瘍といった腸の病気のサイン。また腹痛や疼痛など、腹

部の不快感が続くときや、便やおならが臭いときも、腸に何らかの問題を抱えている恐れがあります。

　さらに急に便が細くなったら、大腸がんの疑いが出てきます。大腸がんになると、腸の中が狭くなり、太い便が出なくなるからです。
　大腸がんは男性よりも女性に多いがんですが、その前段階として「腺腫性ポリープ」が問題になってきます。遺伝的要素のある方が若い時期にこれができると、年齢とともに数が増えて、やがて100個以上のポリープができてしまう「家族性大腸腺腫症（ポリポーシス）」という病気に発展します。
　これを放っておくと、大腸がんに進行してしまうので気をつけなければなりません。この場合、一個一個ポリープを取り除くのは難しいので、一部を腸管ごと切り落とす外科手術を施すこともあります。

　腸のバリア機能が損なわれ、未消化物などが腸壁を通過しやすくなって起こるリーキーガット症候群になると、疲れやすくなったり、アレルギー症状が出たり、またリウマチなど自己免疫疾患が起きる可能性があります。

リーキーガット症候群では、便に粘液や血が混じることがあります。

　腸の病気を見逃さないためには、まず自分の便をしっかり見ること。やわらかいかかたいか、血が混じっていないか、黒ずんでいないか、それで異常が見られたら受診することが大事。また腸内フローラ検査やリーキーガット検査など、自分で腸内をチェックできる検査もあり、それらのキットは、ネットでも買うことができます。
　腸内検査で腸の状態をチェックできると、病気予防だけでなく、アンチエイジングやダイエット、うつ、イライラの改善にも役立てることができるでしょう。

腸活エクササイズ

ウォーキング

ウォーキングは歩くだけの手軽な運動ですが、血行促進効果、生活習慣病の予防、基礎代謝が上がり痩せやすい身体になる、新陳代謝がアップして老化防止になるといった効果が期待できます。それだけでなく、30分ほどのウォーキングで、幸せホルモンのセロトニンが分泌され、ストレス軽減から腸にもよい効果が期待できます。

①姿勢
頭が上に引っ張られているイメージで、背筋を伸ばし、目線をやや上向きに遠くを見るように。上半身は胸を張り、胃を持ち上げる感じで。

②歩幅
普段より大股で速めに歩くことで、運動効果がより高まります。歩く際には膝が曲がらないように、脚をしっかりと振り出してみると、自然と大股に。

③重心移動を意識する
疲労や怪我予防のために、足を着地する際の重心移動は、かかとから着地→足裏の外側→足裏全体→親指の付け根→親指で踏み込む、という順番で！

④腕の振り方
肩と腕の力は抜いて、手は軽く握りこぶしをつくり、ひじは90度ぐらいに曲げ、脚の動きに合わせてテンポよく動かします。このとき、腕を前でなく後ろに引くように意識してください。

⑤呼吸の仕方
鼻から吸い、口から吐きます。基本姿勢のまま、息をしっかり吐き切るように意識すれば、自然に酸素を取り込めます。吸う・吐くはそれぞれ2～3歩を目安に。慣れてきたら、吐く時間を少しずつのばしてみてください。

ウォーキング大事だな、ということはわかったけれど、
一人で始めるのは勇気がいるな……と思われた方
そんなあなたにオススメなのが、「ぐるっ歩」です！

「ぐるっ歩」は、「いつでも！どこでも！なん歩でも♬」を合言葉に、心も体も元気になれる楽しいコミュニティです。歩くことを通じて健康づくりを応援しながら、参加者同士のつながりや新しい発見を楽しめる活動を行っています。

詳細は、こちらから >>

ジャンプ運動

ジャンプは全身運動で、有酸素運動にもなるため、脂肪燃焼や骨粗鬆症の予防、体幹強化や腸の動きをよくするなど、さまざまな効果が期待できます。

その場で軽くジャンプする。ふくらはぎの筋肉を使うので、血流がよくなる。（8秒×10回）

ストレッチ

ストレッチは、腸活においても重要な役割を果たします。体を柔軟に保つことで血行を促進し、内臓への酸素や栄養の供給がスムーズになります。これにより、腸の働きが活発になり、便秘解消や腸内環境の改善につながります。毎日行うことで、腸をリラックスさせる副交感神経が優位に働く時間が増え、自律神経のバランスも整います。

肩甲骨を動かす1

両足を肩幅に開き、両腕を真横に伸ばしてTの字に。伸ばした両腕を前から後ろに回す。肩甲骨がちゃんと動いているかどうか確認する。腕を回しながら、体を左側に動かし、左足に体重をかける。右側も同様にして、交互に行う。合計10回。

両腕と両わき伸ばし

頭の上で両手を組み、わきを伸ばす。そのまま、頭の後ろで右ひじを右方向に引っ張りながら、左わきを伸ばす。左ひじも同様にして、交互に行う。合計10回。

ストレッチ

肩ほぐし&
二の腕シェイプ

両方の手のひらを上にして、両腕を前に伸ばす。そのまま真横に開いてTの字に。右手の親指を立てた状態で、右肩から右腕全体をねじるようにして前方向に回しながら、左膝を軽く曲げつつ、左に体重移動する。その際に、顔は回す手の方向に向ける。左側でも同様にして、交互に行う。合計10回。

わきを伸ばし
カラダをほぐす

左腕をまっすぐ上に上げ、わきを伸ばす。手のひらは内側。息を吐きながら、そのまま右側に倒す。その際に、右膝は曲げながら、重心を右に移動する。右腕でも同様にして、交互に行う。合計10回。

肩甲骨を動かし脂肪を燃やす
（P.180 B-①-1）

①
足を肩幅に開き、両方のひじを90度に曲げて、両前腕を顔の前で合わせる。

②
両ひじは90度に曲げたまま、息を吐きながら両腕を真横に開きつつ、肩甲骨を縮める。同時に背伸びをしながら、つま先立ちに。合計10回。

ストレッチ

肩ほぐし
(P.180 B-①-2)

左右の手をそれぞれの肩にのせた状態で、息を吐きながら両ひじを前方に上げてから、背口側に大きく回す。その際、できるだけ肩甲骨を動かすようにする。ひじを上に上げるときは背伸びをする。合計10回。

肩甲骨周りをほぐす
(P.180 B-①-3)

左右の腕を軽く交差させながら前に出す。その両腕を、勢いよく真横に広げながら、背中側に引いて、肩甲骨を動かす。両腕を広げるときに背伸びもする。合計10回。

肩甲骨を動かす2
（P.180 Ⓑ-①-4）

手のひらを天井に向けながら、背中側に両方の腕を伸ばす。腰の後ろでその両腕を交差させる。合計10回。

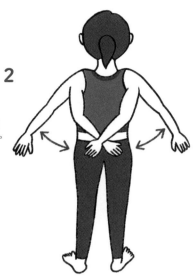

背中ほぐし&二の腕を絞る
（P.180 Ⓑ-①-5）

両腕を背中側に回し、両手のひらを後ろ側に向けて、そのまま両腕をさらに後ろに引く。合計10回。

ストレッチ

両手振り&足クロス

① 両手を上げる。

② 羽ばたくように腕を勢いよく背中側に下ろす。腕を下ろす際に、片方の足をクロスさせながら後ろに引く。左右交互に行う。合計20回。

ウエストシェイプ&クロスストレッチ

立っている状態から、左ひじと右ひざをクロスさせる。クロスさせるときに、強く息を吐く。その際に、右ももは、なるべく上に上げて、体の右側からおしりを見るように体をひねるとより効果的。同様に、右ひじと左ひざをクロスさせる。左右交互に合計10回を1セットとして、2セット行う。

背中シェイプ＆クロスストレッチ

足を肩幅に開き、両腕は真横に上げてTの字に。左足裏と右手をタッチするように体の背中側でクロスする。この際に、左足裏を振り返って見るように行うとより効果が期待できる。同様に、右足裏と左手を背中側でクロスする。左右交互に合計10回を1セットとして、2セット行う。

股関節とふくらはぎの可動域を広げる

両足を大きく開いて、両手を真横に伸ばす。前屈し、息を吐きながら、右手で左足にタッチする。同様に、左手で右足にタッチする。左右交互に行い、合計10回。さらにもっと足を開いた状態で、同様に合計10回。

ストレッチ

膝を痛めない ワイドスクワット
(P.180 B-②)

① 足は肩幅より開き、つま先は外側。息を吐きながら、そのまま腰を落とし、落としたときに両ひざが直角になるようにする。膝がつま先よりも前に出ないように足は十分に広げる。腰を落とすときに、両腕を外側から回すように下ろして下で交差させる。

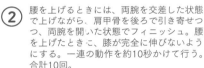

② 腰を上げるときには、両腕を交差した状態で上げながら、肩甲骨を後ろで引き寄せつつ、両腕を開いた状態でフィニッシュ。腰を上げたときに、膝が完全に伸びないようにする。一連の動作を約10秒かけて行う。合計10回。

③ 合計10回行うが、10回目は腰を落としたままの状態で止めて、両方の腕を前で組み、中腰の姿勢のまま10回バウンドする。ゆっくり腰を上げて終了。これを1セットとして、合計2セット行う。

股関節とふくらはぎの可動域を広げる

両足を大きく開いたまま、前屈して両手を床につける。そのまま片膝を曲げながら左右交互に体をスライドさせる。合計10回。さらに両足をさらに開いた状態で、ゆっくり合計10回。

スクワットのあとは前ももを伸ばす

前ももを片側ずつ伸ばす。右膝を曲げて、右足首を右手でつかむ。そのまま10秒。左側も同じように行う。左右交互に行い、各2回、合計4回（机や壁などに手を置いて転倒しないようにしてください）。

ストレッチ　アキレス腱伸ばし＆もも伸ばし

① 左足を前に出して両手は左ひざに置き、右足は踵を床につけた状態で、足を前後に開き、左ひざを曲げながら、右足のアキレス腱を伸ばす。

② 両手を床につき、右脚をしっかり伸ばした状態から、右膝を下ろしながら、右ももをしっかり伸ばす。さらに、後ろに引いた足を戻して、まっすぐ立ち上がる。反対側も同じように行う。左右交互に行い、各2回、合計4回。

後ろもも伸ばし

仰向けのまま、左膝を曲げて両手で抱える。息を吐きながら、そのままゆっくり体に近づける。約10秒キープ。右側も同様に行う。左右交互に行い、各2回、合計4回。

足パカ体操
(P.180 B-③)

① 仰向けに寝て両足を90度に上げて、開閉する。開くときに息を吐く。両手は体の横に置く。合計10回。

② 同様に開閉するが、足を閉じるときに、それぞれの足の前後が入れ替わるようにクロスする。合計10回。

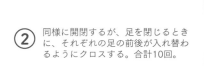

③ 両足を90度に上げた状態から、片方の足を上下する。下に下ろしたときに、足が床につかないようにする。左右交互に行い、合計10回。①②③を1セットとして、合計5セット行う。

ストレッチ

内もも伸ばし

膝を立てて足を広げる。息を吐きながら右膝を内側、左膝を外側に倒す。反対側も同様に行う。左右交互に行い、各2回、合計4回。

・・・・・・・・・・・・・・・・・・・・・・・・・・・・・・・・・

下腹&おしりの筋トレ
（P.180 B-④）

① 両足を90度に上げる。

②
息を吐きながら5秒かけて下ろす。床ギリギリで止めて、そのままおしりをキュッとしめて5秒キープ。また5秒かけて息を吐きながら上げる。合計5回を1セットとして、2セット行う。

リンパを流す

① 左足を上げて、アキレス腱からふくらはぎにリンパを流す。膝の裏をやわらかくほぐす。

② 膝から足のつけ根にむかってさすり流す。反対側も同様に行う。

③ 膝を立てて、おしりを上げて、おしりの肉を上に流す。

ストレッチ

腸マッサージと温め
(P.180 B-⑤)

女性は右手をおなかの上に置き、左手をその上に重ねる。男性は左手をおなかの上に置き、右手をその上にして、両手を重ねて、へその周りを時計回りに33回、回しながらマッサージ。反対回りも同様に行う。

・・・

呼吸法

両手を体の横に置き、おなかから息を吐きながら両手を上に上げる。両手を頭の上で組んで背伸び。息を吐き切って、おなかをぺたんこにして脱力。息を吐きながら、両手を元に戻す。合計3回。おなかの筋肉を伸ばしながら息を吐くように心がける。

腸によくない！
NG習慣

腸活のやりすぎ

　何でもやりすぎはよくないですが、腸活をやりすぎるのも考えものです。たとえば発酵食品と食物繊維ばかり食べて、自分にストレスをかけたあげくSIBO（シーボ＝小腸内細菌異常増殖症）になっている人もいます。SIBOとは、小腸で腸内細菌が過剰に増えすぎることで、げっぷやおなかの張り、下痢や便秘などを引き起こす病気です。

　腸活は、やりすぎず、おおらかに取り組むのがいちばんです。

タバコを吸う

　タバコは基本的に百害あって一利なし（利があるとすれば、タバコ税を納めてもらっている財務省だけ……）なので、やめたほうがいいでしょう。タバコに含まれる

ニコチンは、実際に、腸を動かす作用があり、禁煙してから便秘になる人もいますが、それ以上にタバコに含まれる毒性物質による害は深刻です。ニコチン自体も腸を含めて全身の血流を悪くし、血圧も上げるので、やはり吸うべきではありません。

　腸に限らず、〝血流悪化は万病のもと！〟です。たとえば、うさぎは、ふだんはその耳に血管がよく見えますが、タバコの煙を吹きかけると、血管は一瞬で見えなくなります。それぐらいタバコは、血流を悪くするのです。

コーヒーの飲みすぎ

　コーヒーは体を冷やすので、一日１〜２杯に抑えておきましょう。ただしコーヒーのカフェインは、腸を刺激し、動きを活性化するため、便秘が解消することがあります。またコーヒーに入っているオリゴ糖が、腸内細菌によい効果があるともいわれます。ストレス解消やリラックスにもなるでしょう。飲むならホットコーヒーにして、飲みすぎなければOK。アイスコーヒーは避けたほうが無難です。

自分に合わないサプリメントを飲む

「おなかスッキリ」といったコマーシャルに影響されて、何気なくサプリメントを飲み始めて、かえって便トラブルを起こしている人がいます。サプリメントには、便秘薬が入っているものもあるからです。

サプリメントは、基本的に足りないものを補うもの。病院でも、症状や血液データ、栄養状態などを見て、明らかに足りない栄養素などをサプリメントですすめることはあります。ですからサプリメントが100％ダメなわけではありません。自分に足りないものは何か、必要なものはどれか、ということを自己判断でなく、専門家に聞いてから取り入れるようにしましょう。

アルコールの飲みすぎ

アルコールを飲みすぎると、下痢を起こしやすく、腸内フローラを悪化させる原因になるので要注意。せっかくよくなった腸が、ゼロに戻る人もいます。

またアルコールには利尿作用があるので、飲むとおしっこの出がよくなり、水分やミネラルなどが外に出て

しまいます。また分解・代謝に時間がかかり、胃や腸・肝臓にも負担がかかるので、ほどほどの量にしておきましょう。

　もし飲むなら、冷たいビールよりも、熱かんやお湯割り、ホットワインがおすすめ。ちなみに体によいといわれるワインですが、発酵させるために砂糖をけっこう入れている場合があるので、飲むなら自然発酵させたナチュラルワインを選びましょう。

　いずれにしても、アルコールを飲むときは、チェイサーとして水を一緒に摂ることをお忘れなく。

スマートフォンの長時間使用

　スマートフォン（スマホ）を長時間使っていると、脳のエネルギー源となるブドウ糖の代謝が低下し、セロトニン受容体の活性度も落ちてしまいます。

　その結果、エネルギーの生産量も減少してしまうので、スマホの使用時間はなるべく短くすることが、腸にとっても大切です。

寝る前に食べる

寝る直前に食べると、胃腸の消化活動が睡眠を邪魔します。また甘いものを摂ると、寝ている最中に血糖値が下がりすぎて、脳が危険信号を出します。そうすると交感神経が緊張して、目が覚めてしまいます。

ぐっすり眠るには、寝る2時間前には食事を終えておきましょう。かつての仁ファミリーのように、夜中にお茶（＋お菓子）の時間なんてもってのほかです。

便秘薬は飲まないほうがいい？

3日以上出ていない「便秘」の場合は、便秘薬を用いるのも仕方ありません。しかし、よほどのとき以外は、使わないほうがよいでしょう。使うとしても刺激性のある下剤でなく、緩下剤などゆるやかな作用の下剤、それも昔から使われている薬を使っていれば、それほど大きな問題は起きないと考えられます。

新しい薬というのは一応、治験もしていますが、あく

までも短期間。実際に使い続けることで、どうなるかは、まだ誰もわかりません。そう考えると、なるべく昔から使っている薬を使ったほうが無難であろうと考えます。

便秘薬には、いろいろな種類があります。まず便自体をやわらかくするなら「酸化マグネシウム」や「マグネシウム製剤」など。マグネシウムを多めに摂ることで、便がやわらかくなるのです。これらは効き目が穏やかで、副作用の少ない薬です。

また「ラクツロース」「ソルビトール」など緩下剤にも、便をやわらかくする作用があります。

一方、「センノシド」「センナ」「アロエ」や「大黄」など漢方に使う材料は、大腸粘膜を刺激し、腹痛や下痢を起こす恐れがあります。また依存性や習慣性も。毎日内服、あるいは4カ月ときどきの内服でも、9カ月から1年で腸自体が黒くなり、動きが鈍くなる「大腸メラノーシス」が起こることもあるので、継続して使うには注意が必要です。

もし肛門の出口に便がとどまっているなら、座薬を使うのも手です。

「ビサコジル」は、腸粘膜に直接刺激を与えて、結腸の中の水分吸収を抑えて排便を促します。「レシカルボン坐薬」は、肛門に挿入することで炭酸ガスを出して、ぜん動運動を促すもの。ぜん動運動がうまくいけば、便を送り出せますが、うまく動かなければ、さらに詰まる可能性もあります。気をつけて使いたいところです。

いずれにせよ、便秘を改善するには、水分補給と適度な運動が必須です。こまめに水分をしっかり摂って、すき間時間には、おなかを動かす運動をするようにしましょう。

CHAPTER **5**

毎日食べたい腸食

「しくみかはたやすい」と覚えて!

腸食のキーワードは「しくみかはたやすい」

この章では腸活習慣で、最も重要な「腸食」について詳しく解説します。

腸食は「しくみかはたやすい」を基準に組み立てていきます。

「し」…しいたけ
　　　（きのこ類）
「く」…果物
「み」…水
「か」…海藻類
「は」…発酵食品
「た」…タンパク質、だし
「や」…野菜
「す」…酢
「い」…いい油
　　　（オメガ３、オメガ９、中鎖脂肪酸）

「し」…しいたけ(きのこ類)

　水溶性である「βグルカン」を含め、野菜よりも多くの食物繊維を含んでいます。ビタミンB群やビタミンD、カリウムなどのミネラルやアミノ酸も豊富。また葉酸も、野菜以上に多く含まれているものもあります。

「く」…果物

　ビタミンやミネラル類が豊富。水溶性食物繊維も多く含まれています。糖質も多いため、血糖を上げすぎないために、食物繊維も入った果物そのままか、ミキサーでつくったジュースで摂るのが理想的です。

「み」…水

　血液・体液など体の基本的な潤滑液です。腸を含めた粘膜への血液循環を良好にし、神経伝達物質を動かす助けにもなります。またタンパク質や糖質、脂質などの栄養素の消化の際にも必要。体を効率よく動かすには、水分が十分にあることは非常に重要です。

　水分を効率よく摂取するなら、水や白湯、ノンカフェインのお茶がおすすめ。摂取量は、体重1kg当たり

30ml、体重50kgの人なら1500ml（1.5ℓ）が目安。カフェインが入っているものは、利尿（尿を出そうとする）作用を強めるので、その１、２割増しで。アルコールにはさらに強い利尿作用があるため、飲酒の際は同量以上の水を飲むようにしましょう。

「か」…海藻類

　ミネラルや食物繊維を多く含みます。最も多いミネラルはカリウム、他には、ナトリウムやカルシウムなどで、微量ミネラルは鉄や亜鉛、銅など。食物繊維は水溶性、不溶性ともに含み、バランスのとれた食材といえます。

「は」…発酵食品

　有用菌の供給源となって腸内環境を整えます。発酵していることで、内容物が細かく分解されて、消化吸収しやすくなっています。

「た」…タンパク質、だし

　動物性タンパク質には、植物性タンパク質には含まれない、体に必要なアミノ酸が全体的に含まれています。それぞれの必須アミノ酸を腸が吸収したら、体の中でタ

ンパク質が合成されます。植物性タンパク質を摂るときは、動物性タンパク質と一緒に摂ることで、必須アミノ酸を効率よくそろえて摂取することができます。

　肉類を摂るときは、牛、豚、鶏、羊など、違う種類の肉をローテーションするのがコツ。魚類は、ビタミンDの貴重な摂取源。頭から尻尾まで、丸ごと一匹食べると栄養が幅広く摂れます。

　優秀な栄養バランスを誇るのは卵。でも、一日おきに摂ることをおすすめします。その理由は、腸の状態があまりよくない方が毎日摂った場合に、消化しきれなかったタンパク質がアレルギーなどの免疫異常を引き起こす可能性があるからです。生のままでは消化が悪いので、温泉卵のように白身が透明でなくなる程度に火が通り、黄身が半生以上の状態で食べるとよいでしょう。

　天然だしには、海藻類や魚、野菜、きのこ類に入っている旨味アミノ酸としてのグルタミン酸やイノシン酸だけでなく、ビタミンやミネラルが含まれています。天然だしを使うことで、食材の栄養素も一緒に摂取することができて一挙両得です。

「や」…野菜

ビタミンCをはじめとしたビタミン、カルシウムやカリウムなどのミネラルが含まれています。ビタミンには、細胞分裂に重要な葉酸も含まれていて、胎児の初期の発育に重要です。βカロテンやポリフェノールなどの抗酸化物質も多く、水溶性、不溶性の食物繊維も多く含まれます。

食べるときは「土の上のもの（葉ものなど）」と「土の下のもの（根野菜）」、両方を意識しましょう。土の上のものだけだと体を冷やす可能性があるので、食べるときは土の下のものと一緒に摂るようにしましょう。

「す」…酢

発酵によってアミノ酸が増えており、タンパク質を合成する栄養素が吸収しやすくなっています。また、胃の中が酸性状態だと、タンパク質が効率よく消化できるため、料理に酢をちょっと足すと、消化の助けになります。

「い」…いい油

積極的に摂りたいのは「オメガ3」「オメガ9」「中鎖脂肪酸」。「オメガ3」の油は、体全体の炎症を抑える作

用があります。エゴマ油やアマニ油に多く含まれるα-リノレン酸は、血液をサラサラにする効果があります。熱などによる酸化に弱いので、飲んだり食べたりできる

腸活食材一覧表

「し」（きのこ類）
- しいたけ
- しめじ
- まいたけ
- なめこ
- ひらたけ
- マッシュルーム
- えのきだけ

「く」（果物）
- イチゴ
- バナナ
- リンゴ
- アボカド
- 梨
- 柿
- みかん
- パイナップル
- キウイ
- グレープフルーツ
- オレンジ
- スイカ
- いちじく
- メロン

「み」（水）
- 水
- ノンカフェインのお茶

「か」（海藻類）
- わかめ
- ひじき
- 昆布
- あおさ
- のり
- めかぶ
- もずく

「は」（発酵食品）
- 漬け物
  - ぬか漬け、
  - キムチ、
  - ザワークラウト、
  - すぐき漬け、
  - すんき漬け、
  - ピクルス　など
- 甘酒
- 麹
- 味噌
- プレーンヨーグルト
- 納豆
- チーズ
- しょうゆ
- 酢
- 酒粕
- みりん
- 塩辛
- 発酵バター

「た」（タンパク質、だし）
（肉類）
- 牛肉
- 豚肉
- 鶏肉
- 羊肉
- 馬肉

（魚介類）
- イワシ
- サンマ
- サバ
- かつお
- 鮭
- マグロ
- ししゃも
- アジ
- シラス
- ジャコ
- 牡蠣
- アサリ
- シジミ
- イカ
- タコ
- エビ

（卵）
- 鶏卵
- うずらの卵

（天然だし）
- 昆布
- かつお
- アゴ
- 煮干し
- 干ししいたけ

「や」（野菜）
- 小松菜
- ほうれんそう
- オクラ
- ブロッコリー
- 玉ねぎ
- にんじん
- 大根
- 長芋
- モロヘイヤ
- さつまいも
- かぼちゃ
- 長ねぎ
- ごぼう
- トマト
- キャベツ

「す」（酢）
- 米酢
- 黒酢
- ワインビネガー
- バルサミコ酢
- 果物酢
- 酢漬け
- 酢のもの

「い」（いい油）
- エゴマ油
- アマニ油
- EPA
- DHA
- 魚油
- サバ缶（水煮）
- エキストラバージン
  オリーブオイル
- 米油
- MCTオイル

程度の温度で摂りましょう。魚油に含まれるEPA(エイコサペンタエン酸)は動脈硬化予防効果、DHA（ドコサヘキサエン酸）は認知症予防効果が認められています。

　オリーブオイルに多く含まれる「オメガ9」は、高血圧や動脈硬化の予防効果、また油で便をするっと出すことでの便秘予防効果も期待できます。

「中鎖脂肪酸」は、パーム油やココナッツオイルに含まれる植物性の油。中鎖脂肪酸100％の油は「MCTオイル」と呼ばれて、消化吸収が早く、エネルギー源として素早く利用できるのが特長です。

しっかりおさえて！腸食のポイント

便秘気味の人は生野菜を積極的に食べる

「生野菜は体を冷やしてよくない」と思っている人が多いですが、腸活に生野菜は必要。なぜなら消化を助けてくれる酵素や抗酸化物質が摂れるからです。

実際に生野菜を多く食べるようにしてもらうと、排便状態が改善し、体重が減った、肌の状態がよくなった、眠りがよくなったといったうれしい報告がたくさん寄せられています。
　特におすすめの食材は、この二つです。

・キャベツ

　食物繊維が多く、ビタミンUが胃酸分泌を抑制し、胃粘膜の修復を助けてくれます。キャベツを摂るようになって、今まで胃酸を抑える薬を飲んでいた人が、あまり飲まなくてよくなったという声もあるほど。煮ると栄養素が出てしまうので、生がおすすめです。
　生で使う場合は、なるべく自分で切ったものを使いましょう。あらかじめ切ってあるスーパーやコンビニエンスストアのものは、水できれいに洗ってあり、栄養素が流れ出ている可能性があります。
　家で使うときも、外の葉だけ軽く洗えば、中の包まれているところは洗う必要はありません。生に飽きたらスープにして、キャベツから出た栄養も一緒に摂りましょう。

・**大根**

　消化酵素のアミラーゼやプロテアーゼなども多いので、消化を助けてくれます。食物繊維やビタミンCも豊富なので、栄養素をしっかり摂るなら、やはり生がおすすめです。大根おろしやスティック、煮るならスープも一緒に摂れる、おでんがいいかもしれません。ただし、あまり食べすぎると消化しすぎて、反対に下痢を起こすことがあります。ほどほどに食べるのが大事。

＜最強便秘解消レシピ／キャベツ納豆＞

　1日一食は「キャベツ納豆」を食べると、便秘に効果てきめん。作り方は簡単です。器に軽くごはんを入れて、その上に食べやすい大きさにカットした生キャベツ、納豆、温泉卵に酢、オリーブオイルをかけるだけ。のりやめかぶ、もずくなどの海藻類、シラスやジャコなどの小魚、キムチ、かつおなどの削り節をトッピングするのもおすすめです。納豆についている液体調味料は添加物が入っている可能性がありますので、使わないほうがよいでしょう。これと合わせて水分補給を心がけると、強力な便秘も1〜2週間で改善します。

食物繊維をたっぷり摂る

　食物繊維には、水に溶けやすい「水溶性食物繊維」と水に溶けにくい「不溶性食物繊維」がありますが、その両方を摂るように心がけましょう。水溶性であるβグルカンは大麦・もち麦・オートミール（オーツ麦）、きのこ類、酵母などに多く含まれていますが、免疫力強化作用があり、腸食にぴったり。他に、水溶性食物繊維は、海藻類や野菜、果物に多く、不溶性食物繊維は、豆類や玄米・ライ麦などの穀物、きのこ類に多く含まれています。また、生野菜や果物からは、消化分解を助ける酵素を摂ることができます。
　一日の生野菜の摂取量の目安は350ｇ。広げた両手のひらに、山盛りでのるくらいの量とイメージしてください。

　生野菜が手に入らないときは、冷凍の野菜をうまく活用するとよいでしょう。最近の冷凍食品は、素材を瞬間冷凍するためか、添加物も少なくつくってあります。いったんゆでてあるので、ビタミンＢ群・Ｃなどの水溶性物質は溶け出していますが、食物繊維は残っているので、ストックしておくとよいでしょう。

実は、これまでの研究結果から、生活習慣病などの疾患リスク低下のためには、成人で1日25g以上の食物繊維摂取が理想的であることが判明しています（『日本人の食事摂取量基準（2025年版）』より）。これを満たすのは、結構大変。特に、野菜や海藻類をしっかりと摂れない方は、白米を炊くときには、もち麦やスーパー大麦も一緒に加えるとよいでしょう。その中でも、スーパー大麦は、玄米よりも食物繊維が多く、ミネラルも豊富でおすすめです（ただし、少し甘いので、お好みによって加減してください）。

　オートミールは、野菜スープに入れて、リゾットにすると、栄養価も上がり、腹持ちもよくなります。

腸にいい栄養素を意識する

・**タンパク質**
　腸管を丈夫にするには、タンパク質を十分に摂取することが大事。タンパク質は肉や魚、卵などの「動物性タンパク質」と、そばや大豆などの「植物性タンパク質」の2種類があります。
　「プロテインスコア」という言葉を聞いたことがありま

すか？　プロテインスコアとは、タンパク質を効率的に利用するために重要となる、体内では合成できない９種類の必須アミノ酸（フェニルアラニン・ロイシン・バリン・イソロイシン・スレオニン・ヒスチジン・トリプトファン・リジン・メチオニン）の理想的なバランスを、ある食材が、どの程度満たしているのかを数値化した指標。100に近づくほど、すぐれたタンパク質源と認識されます。

　このスコアが100なのは「鶏卵」と「シジミ」のみ。そして上位のほとんどが、動物性タンパク質です。植物性タンパク質では、比較的優秀なのが「そば」で80台半ば。大豆になると60未満まで落ちてしまいます。

　大豆は植物性タンパク質の代表格とはいえ、大豆タンパクには、タンパク質合成にも欠かせない必須アミノ酸である「メチオニン」が特に足りないのです（このように特に不足しているアミノ酸を「制限アミノ酸」といいます）。だから、大豆タンパクだけ摂っていても、人間の体内で十分なタンパク質利用はできないということ。やはり、動物性タンパク質も必要なのです。

　また一日に必要最低限のタンパク質量は、基本的には両手のひらを合わせた際の手首から指先までの体積分が

目安です。なお、遺伝子的にタンパク質の消化・吸収が悪い、あるいは運動選手などで日頃からタンパク質摂取量の多い方は、さらに摂取量を増やす必要がありますので、それに合わせて肉・魚・卵や納豆などを加えてみましょう。

・鉄分

　鉄分は動物性タンパク質にも多く含まれています。鉄には「ヘム鉄」と「非ヘム鉄」の2種類があります。鉄は腸での吸収があまりよくなく、特に野菜や海藻などに含まれる非ヘム鉄の吸収率は5％未満です。一方、ヘム鉄の吸収率は15〜30％ですので、摂取するなら吸収率の高いヘム鉄がおすすめ。

　ヘム鉄は、赤身の肉や魚に入っています。赤身の肉は、牛、豚、羊、しか、いのししなど。魚ならかつおやマグロなど。その他、イワシやサバなどの青魚、レバーや貝類にも含まれます。さらに吸収をよくするには、ビタミンCを一緒に摂ること。レモンなどの柑橘系の果物のほか、赤色や黄色のピーマン、ケール、にがうりなどを上手に組み合わせて調理しましょう。

・亜鉛

　タンパク質の合成に関わる亜鉛は、腸管をつくるのに必要でありながら、不足しがちな栄養素。亜鉛を多く含む食品は、牡蠣や煮干し、レバー、ビーフジャーキー、するめ、毛ガニなどの動物性食品に多く、他にナッツなどにも含まれています。

　亜鉛は、動物性タンパク質の摂取で自然に摂れます。肉なら、牛は全体的に多く、豚や鶏は肝臓に多い。卵は卵黄に集中しています。また、魚介類を使った天然だしを活用すると、効率よく摂ることができるでしょう。

・ビタミンA

　レバーや卵黄、全乳、バター、魚などに多く含まれます。油に溶けやすい脂溶性ビタミンなので、油がないと吸収されにくく、ビタミンCがあると吸収率が高まり、また亜鉛とは相乗効果があります。

・ビタミンB群

　豚や鶏などのレバー、鶏肉、牡蠣、シジミ、のり、ニンニク、ゴマ、玄米、緑黄色野菜などに含まれます。有用菌も腸内で、ビタミンB群を産生するので、発酵食品

などでたっぷりと供給したいところです。

　ビタミンB群の仲間である葉酸は、各種レバーやうなぎの肝、モロヘイヤ、パセリ、ブロッコリーなどの野菜や枝豆に多く含まれます。ビタミンB_{12}と葉酸の協力で体内でも生み出される核酸は、鮭の白子、ちりめんじゃこ、煮干し、かつお節、きな粉、レバー、しいたけといった食材からも多く摂れ、最近ではがん細胞増殖の抑制効果も注目されています。

・ビタミンC
　生野菜や果物にたっぷり含まれるビタミンCは、便をやわらかくし、便通を改善します。またレモンなどは、胃の中を酸性にして、胃での消化をよくする働きもあります。

・ビタミンD
　腸管からのカルシウム吸収を助け、腸粘膜バリアを強化します。また免疫力のバランスをうまく調整し、神経伝達物質の生成や腸内細菌の多様化も促します。夏場であれば、一日20〜30分の日光浴で、一日に必要なビタ

ミンDが体内でつくられるので、散歩やウォーキングは、ぜひ日課にしてください。

　紫外線（UV-B）が弱まる冬場は、ビタミンDが多く含まれている魚やきのこ類（特に多いのが乾燥きくらげ）、卵黄を積極的に摂取してください。

「海のもの」と「山（陸）のもの」を一緒に！

「海のもの」としては、魚介類や海藻類があげられますが、海のものには、先に述べたビタミンD以外でも、「山（陸）のもの」（お肉や野菜など）にはあまりない栄養が含まれています。たとえば、良質な脂質として知られるオメガ3の一種であるEPAやDHAについては、牧草を主に食べている（グラスフェッド）牛以外は、基本的には海のものでしか摂れません。他に、カルシウムなどのミネラルも海由来のものなので、当然ながら海のものには豊富に含まれています。たとえば、小さな魚介類（小魚や小エビなど）であれば、骨や殻は比較的食べやすいので、とてもよいカルシウム源になります。ですから「海のもの」と「山のもの」とをあわせて摂るのは、理にとてもかなっているのです。

卵やレバーは優秀食材

　こうしてみると卵やレバーは、いろいろな栄養素に富んでいることがわかります。食材を選ぶときは、自然の牧草などで育てられた動物の肉やレバー、放し飼いで自然の飼料で育てられた鶏が産んだ卵を選ぶようにしましょう。

　よい食材を選べば、よい腸が育つはずです。

プロテインで代用できる？

　市販のプロテインで、タンパク質を補う人も増えています。しかしプロテインには、よいものと悪いものがあるので、いいものを見極めて選ぶことが大事です。

　まず大豆由来であれば、タンパク質をつくる第一段階で必要なメチオニンというアミノ酸が十分に含まれているかどうか。また牛乳由来のものは、カゼインにアレルギーを持っている人は気をつけるべきですし、消化機能がしっかりしている人でなければ不向きです。

　またプロテインは、飲みやすくするために甘味料などの添加物を入れることがあるので、添加物の入ったもの

は避けたほうがよいでしょう。
　いずれにしても、プロテインを摂取する際は、内容物をしっかり確認すること。わからなければ専門家に聞くとよいでしょう。

　また、もともと腎機能の悪い人も要注意です。肉や魚、卵といった食品からタンパク質を摂取する場合は、咀嚼も必要なので、摂りすぎることはあまりありませんが、プロテインだと素早く大量に摂取することができてしまい、その場合には腎臓に負担をかけてしまう危険性があるからです。

サプリメントを上手に活用する

　血液検査で、不足している栄養素を類推することは可能です。そこで足りない栄養素が判明したら、場合によっては、それらをサプリメントで補うことも必要になります。
　この場合のサプリメントも、できるだけ自然なものから抽出したものを選びましょう。すぐに働くような形ではなく、前駆体（体の中で代謝されることで活性化する

もの）という形で摂れるものが望ましいでしょう。

　サプリメントには、栄養素を補うだけでなく、腸内細菌を直接加えたり、エサを与えたりして増やすものもあります（逆に、主に有害菌や病原菌を減らすものもあります）。医師や専門家の判断で使いましょう。

体を温める食べ物や飲み物を摂る

　体温を上げるには、体を温める食べ物や飲み物を摂りましょう。

・食べ物
　体を温める食べ物は、日本の中でも、寒い地域で採れるもの。一方、南国で採れるものは、体を冷やします。また冬場に採れるものは、体を温めますが、暑い季節に採れるものは体を冷やします。たとえば、トマトを食べるなら、温かいトマトスープなどにするとよいでしょう。

　さらに土の下にある根菜類は体を温めますが、土の上にある葉野菜は体を冷やします。とはいえ、どちらにも腸に必要な栄養素があるので、なるべく一緒に摂るようにしましょう。

・**飲み物**

　冷蔵庫から出したものはすぐに飲まず、常温か温めて飲むようにしましょう。コンビニなどでペットボトルを買って、すぐに飲むのも体を冷やすことになります。体を温める飲み物は、温かい〜熱いものや発酵させたもの。常温以下の緑茶は体を冷やしますが、温かい緑茶ならOKです。また茶葉を発酵させたウーロン茶、さらに発酵させた紅茶もOKです。

　南国の飲み物であるコーヒーは体を冷やす一方、リラックス効果もあるため、一日１〜２杯に留めておきましょう。アイスコーヒーは重ねてNGです。

調理のポイント

　腸食をつくるときには、ちょっとしたコツがあります。たとえば天然だしをとる際、昆布や小魚、きのこなどの具材は最初から入れたほうがよいです。粉砕されたパック状のものを使うときは、中身も一緒に食べるとよいですね。

　汁ものの具材に豆腐や野菜、きのこを入れるなら、なるべく早くから火を入れましょう。味噌汁をつくる場合、

味噌は具材が煮立ったあと、火を止めてから、さっと溶くと、味噌の中の菌を生きたまま食べられます。

そして揚げ物や炒め物は、なるべく控えましょう。もしつくるなら、食べる分だけ。特に揚げ物は、半日か一日経つと、すっかり酸化してしまい、腸が喜ばない食べ物になってしまいます。

調味料は手づくりで

調味料は、塩麹（こうじ）やみりん麹などを手づくりすると、シンプルでおいしく食べられます。市販の合わせ調味料やドレッシングは、砂糖や塩分が多く、たいてい濃い味つけです。

そうすると、どうしてもごはんの量が増えて、結果的に太る傾向が。素材そのものを味わうためにも、調味料はシンプルなものがいちばんなのです。

おすすめのドレッシングは、オリーブオイルに酢とだしを加えたもの。だしを入れると、塩が不要になります。もちろん体には、ある程度の塩は必要ですが、味噌汁をつけるなら、その塩気で十分。体の塩分濃度が高い人が、

水分を摂ると、むくみやすくなります。調味料を変えるだけでも、むくみが取れて体がスッキリしますよ。

3食＋間食はこう食べましょう！

朝食

　朝はおなかがあまり動いていないので、たくさん摂らず軽めのほうがよいでしょう。ただし空っぽの胃に食品が入ると、排泄が促されるので、そのためには少しでも食べたほうがいい。消化を良くするフルーツは、朝か昼に必ず摂りましょう。

　おすすめメニューは、もち麦などを入れて炊いたごはんを軽く一膳に味噌汁とフルーツ。できれば魚や納豆をプラスします。納豆だけなら、かつお節やシラス、アミエビなどの動物性のタンパク質を足すようにしましょう。

昼食

　昼食は、ボリューム系でOK。野菜たっぷりに、魚や肉、卵などの和定食がおすすめです。魚の場合、砂糖を使った甘辛い煮魚より、焼き魚や刺身のほうがヘルシーです。肉の場合も、揚げたものよりは焼いたものを選びましょう。生姜焼き定食なんかいいですね。オムレツなど卵料理もおすすめです。

　なるべく控えたいのは、パスタ、サンドウィッチ、うどん、ラーメンなどの小麦粉系。麺類が食べたくなったら、タンパク質が豊富なそばを。そばの実は外の皮にタンパク質が豊富に含まれているので、外の皮もとっていない玄そばを挽いた、そば粉のみでつくられた十割の田舎そばがベストです。なければ二八そば（小麦粉などのつなぎ２割：そば粉８割）など、小麦粉の量が少ないものを選びましょう。

間食

　昼食と夕食の間に空腹を感じると、つい甘いものに手が伸びてしまいますが、甘いものを食べるなら、午後３

時までにしておきましょう。甘いものは、消化に負担がかかるうえ、脂肪になりやすいからです。特にクッキーやケーキなどの小麦粉系は、砂糖が多いので要注意。和菓子ならいいだろうという人もいますが、和菓子もけっこう砂糖が使われています。

　もしも何か食べたくなったら、ナッツや高カカオチョコレート、するめ、ドライフルーツなどを少量食べましょう。

夕食

　昼をタンパク質メインにしたら、夜は野菜スープや味噌汁など、消化によいものをメインにしましょう。消化に時間のかかるタンパク質は、控えめにしておくのが理想的。肉や魚などを食べるときは、揚げものや炒めものは避けて、粕漬けや麹漬けといったシンプルな料理がおすすめです。粕や麹は、タンパク質を分解する作用があるので、調理の段階からタンパク質を分解しておけば、消化がスムーズになります。寝る前に食べると、消化活動で睡眠を邪魔してしまうので、夕食は寝る二時間前までには済ませましょう。

こんな食材は避けて！腸活NG食材

ソーセージやウインナー

　手ごろな価格で買えるのがメリットですが、添加物だけでなく、脂身も多く含まれています。「ジューシー、パリッ」がソーセージやウインナーの特徴ですが、実は、そのジューシーさのほとんどが脂です。また出来合いのハンバーグで、肉汁がジュワッと出てくるのも、脂身のおかげ。揚げるだけでOKのナゲットなども本来の素材のものは、なかなかありません。肉の加工食品には気をつけましょう。

練りもの

　おでんなどの具材に、よく使われる練りものも要注意です。白身だけでまとまっているものはよいですが、そうでないと添加物が含まれている可能性が高い。添加物が多く、その添加物に多少なりとも毒性があると、腸か

ら体の中に入ってしまった場合、体はそれを再び体外に排出する「解毒（デトックス）」という作業を行います。その結果、活性酸素が発生して、体全体に酸化を起こす（サビがつくられる）原因に。

　また、添加物の中にリン酸塩が含まれている場合は本来、腸から吸収されるミネラルがこれにくっついて、吸収が悪くなります。たとえば、お正月にそんな練りものばかり食べると体は、かえってミネラルなどの栄養が不足し、細胞をつくったり、働かせたりしにくくなり、お正月明けには思ったように動けなくなってしまうかも……。

出来合いの調味料

　ドレッシングやつゆなど、出来合いの調味料には、添加物や人工甘味料が含まれているものが多いので、気をつけたいものです。
　添加物や人工甘味料が腸に悪影響なのは、これまでに述べた通りです。

　そもそも腸をはじめ、体はすべて細胞の重なりでできているので、添加物を摂ると本来、細胞をつくったり動

かしたりするのに必要なミネラルなどの栄養を摂れなくなってしまいます。それゆえ体の働きが悪くなってしまう。

　また人工甘味料には、いろいろな問題があり、単純に甘くするものは、結果的に血糖を上げて、体の細胞やタンパク質を糖化（おこげ化）させてしまいます。
　一方で、カロリーのない人工甘味料は摂取しても、体の中で消化できません。そして体の中に入ってしまっても、使い道がないまま、いったんは体内の脂肪の中に留まります。行き場がなくなり、体にとっては、ある意味「毒」。毒の一時保管場所として、脂肪が溜まり、太る原因にも！　栄養どころか、毒を入れるだけなのです。
　体の中に毒が入ると、毒を頑張って外に出す、という余計な仕事の必要性が生じます。その仕事にエネルギーを使ってしまうことで、体を正常に動かすという本来のエネルギー活動を体はできなくなってしまう。
　また、エネルギー活動がたくさん行われた結果、産生された活性酸素によって酸化が起きて（サビを作って）しまう。それも腸を弱らせる原因になります。やはり添加物や人工甘味料の入ったものは、できるだけ避けたほうがよいですね。

定番にしたい！
おすすめの腸食レシピ

だしピクルス

「天然だし」＋「酢」をベースとしたピクルス液に、生野菜やゆで卵など、さまざまな食材を漬けこんだもの。腸管を育てる栄養素と腸内環境を整える栄養素の両方を、おいしく摂ることができます。おつまみにもおやつにもなります。

・天然だし

　天然だしは、昆布や煮干し、天然だしパックからとります。なかでも天然の昆布からとった「昆布水」には、アルギン酸・フコイダンなどの水溶性食物繊維やカリウム・ヨウ素などのミネラルが豊富にあり、他に、ビタミン、タンパク質が含まれていて、腸内細菌を育てたり、丈夫な腸管をつくったりするための材料にもなります（また、だしをとった後の昆布には、タンパク質や鉄などのミネラルが、なお含まれており、一方で、煮干しに

は、さらに栄養的に優れたタンパク質やカルシウム・鉄・亜鉛などのミネラルが残っており、丈夫な腸管に欠かせない「コラーゲン」をつくる材料にもなりますので、そちらも一緒に食べると、より効果的です)。

　昆布水は、昆布５×６㎝を500ccの水に一晩漬けてつくります。煮干し水なら、煮干し５〜６匹を500ccの水に一晩漬けておきましょう。

　だしパックを使うときは、ピクルス液をつくる際、水100ccに対して１パックを目安に入れましょう。だしをとるための水をトマトジュース（化学調味料や塩分の入っていない無添加のもの）に変えてもOKです。

・酢

　消化の助けをはじめ、疲れの改善、胃腸の活発化など、酢は最強調味料です。添加物のない純正のものを使いましょう。

・具材

　旬の生野菜をたっぷり入れましょう。ゆで卵もボリュームがあって、おすすめです。

＜ピクルス液材料＞

酢（純正のもの）…100cc　　昆布水…100cc
きび砂糖…30ｇ　　　　　　天然塩…小さじ１
しょうゆ…小さじ１　　　　唐辛子…２本
黒粒こしょう…８〜10粒　　ローリエ…２枚

＜ピクルスに使う具材＞
・きゅうり　・プチトマト　・大根
・にんじん　・セロリ　　　・パプリカ
・キャベツ　・れんこん（ゆでたもの）
・きのこ類（ゆでたもの）・ゆで卵（鶏卵、うずら卵）など

＜つくり方＞
1　保存びんを煮沸する。
2　ピクルス液材料をすべて鍋に入れて、ひと煮立ちさせる。
3　ピクルス液に漬ける具材を用意し、漬け込みやすい大きさにカットし、保存びんに入れる。大きさはそろえるとよい。
4　3に常温まで冷ましたピクルス液を入れる。1〜2日でできあがり。1週間で使い切る。

ピクルス体験談

体重が20kg減！中性脂肪や血圧も改善
竹下貴雄さん（仮名）
（54歳・男性・会社員）

　30代から体重は20kg以上増。それに伴い悪化した中性脂肪や血圧などの数値を改善したい、そんなときに出合ったのが「だしピクルス」でした。キュウリやトマト、にんじんなどの野菜を漬け込み、3食のおかずとしてはもちろん、小腹が空いたときにも食べました。また清涼飲料水を飲みたくなったら、おちょこ一杯のピクルス液をグビリ。さらにピクルス液はドレッシングや調味料としても使いました。そんなピクルス生活を続けていたら、4カ月後には13kg減！ 検査の数値も良好に。主治医にも驚かれました。

おならやむくみが解消し、体スッキリ！
平野曜子さん
（41歳・女性・カンボジア料理店経営）

　カンボジア人の夫とカンボジア料理店を経営しています。ヘルシーなカンボジア料理は、私自身もよく食べますが、おならが出たり、むくんだり。便通もよくありません。協会に相談したら、腸内環境が乱れていることが判明。すすめられた「だしピクルス」を食べ始めました。ピクルス液は、しょうゆをナンプラーに代えて、野菜やきのこを漬け込み、食事の一品として食べるほか、甘酢炒めや甘露煮にも利用。ピクルスを食べ始めてからは、おならが出なくなり、むくみも解消。便通が整い、体重も減ってきました。体質そのものが改善したと感じます。

手羽元のトマト煮込み

　手羽元とトマト、きのこ、玉ねぎを煮込んだ食べごたえのあるスープです。れんこんやごぼうなどの根菜類、甘みがほしいなら、さつまいもやかぼちゃを入れてもよいでしょう。手羽元のいいところは、価格が安定していることと、だしが出やすいこと。ただ煮込むだけなのに、トータルで栄養が摂れる優秀レシピです。

＜材料＞（2人分）
手羽元…6本
トマト缶（カット）…1缶
玉ねぎ…中玉1個
れんこん…100ｇ
ごぼう…100ｇ
セロリ（茎部分）…50ｇ
コンソメスープの素…1個
塩、こしょう…適量
エキストラバージンオリーブオイル…適量

<つくり方>

1 玉ねぎとれんこん、ごぼう、セロリを食べやすい大きさに切る。
2 1と手羽元、トマト缶、コンソメスープの素、水200ccを入れて、中火で食材がやわらかくなるまで煮込む。
3 2が煮込まれたら、味見をして、塩、こしょうで味を調整する。
4 スープ皿に盛り、好みでエキストラバージンオリーブオイルを垂らす。

きのこのポタージュ

　数種類のきのこをブレンダーにかけて、豆乳で煮ます。隠し味に味噌を入れます。甘みを足すなら、玉ねぎを。食物繊維がたっぷり摂れるので、風邪をひいたときやファスティング明けの回復食に最適です。つくり方が簡単なわりに出来上がりが豪華なので、お客様に出すと「おいしそう」と言っていただけてオトクです。

<材料>（2人分）
しめじ…半株
まいたけ…1株
えのきだけ…半株
玉ねぎ…1/4個
味噌…少々
豆乳…150cc
天然だし（粉末）…少々
塩、こしょう…適量
刻みパセリ…少々
オリーブオイル…適量

<つくり方>

1 しめじ、まいたけ、えのきだけを3cmに刻み、玉ねぎはみじん切りにする。
2 鍋に水600ccと1を入れて、玉ねぎが透明になるまでゆでる。
3 2を取り出して、味噌と一緒にミキサーでなめらかにする。
4 なめらかになったら、鍋に戻し、豆乳と天然だしを入れて弱火にかける。
5 沸騰する前に火を止めて、塩、こしょうで味を整える。
6 スープ皿に入れて、刻みパセリを散らし、オリーブオイルをかけたらできあがり。

ピクルス液を使った切り身魚蒸し

　余ったピクルス液を使った一品です。ピクルス液には栄養が詰まっているので、料理に活用すると一石二鳥。魚や野菜をたっぷり使うので、腸に必要なタンパク質や食物繊維もしっかり摂ることができます。フライパン一つでできるので、時短料理にもなります。クッキングシートのまま、皿にのせられて簡単です。

<材料>（2人分）
魚（かじき、鮭など）の切り身…2切れ
ピクルス液…200cc
玉ねぎ…1/6個
パプリカ…赤、黄色それぞれ1/6個
しめじ…6本
刻みパセリ…少々
岩塩…少々

<つくり方>
1　玉ねぎは薄切り、パプリカは細切りにする。しめじは石づきをとり、1本ずつバラバラにする。

2 25cm幅ずつに切った2枚のクッキングシートそれぞれに魚の切り身1切れをおき、その上に半量の玉ねぎ、パプリカをのせ、切り身魚のそばにしめじ3本を入れる。そこにピクルス液を注いだら、岩塩を上から軽くふり、キャンディー包みにする。これを2つ、つくる。

（※スープ皿など少し深めの皿の中にクッキングシートを敷くと作業が簡単になります）

3 5mmほど水を張ったフライパンに、2を入れて蓋をして中火で約5分蒸す。

4 水分がなくなってきたら、蒸し上がっているか確認する。蒸し上がったら、刻みパセリをかけて、クッキングシートのまま、皿にのせる。

トマトサバ缶カレー

　サバ缶に含まれるDHAとEPAは、腸管の血流アップや抗炎症効果などがあり、欠かせない栄養素。また、トマトの栄養素であるリコピンの吸収率が、DHAとEPAという油に溶けることで、約4倍にアップし、腸管の炎症や酸化（老化）をさらに予防してくれます。小麦粉を使ったルーではなく、カレー粉を使うので、ヘルシーです。

<材料>（4皿分）

トマト缶（カット）…1缶
サバ缶（水煮）…2缶
玉ねぎ…大玉1個
しめじ…半株（50g）
リンゴ…小玉1個
にんにく…1片
米油…大さじ5
塩（粗塩）…小さじ2
カレー粉…小さじ2

＊子供用：甘酒かヨーグルトを入れて辛さ調整してください。

<つくり方>

1 玉ねぎ、しめじ、にんにくはみじん切り、リンゴは皮をむいて、すりおろす。

2 フライパンに米油を入れ、熱したら、にんにくを入れて炒める。にんにくの香りが立ったら、玉ねぎと塩小さじ1/2を入れて、やや茶色になるまで中火で炒める。

3 2にしめじ、リンゴ、トマト缶、サバ缶、塩小さじ1/2を入れて中火で、焦げないようにかき混ぜながら約5分煮込む。

4 3にカレー粉、塩小さじ1を加えて、焦げないように全体をかき混ぜて、煮込みながら水分をさらに飛ばしていく。

5 水分が少なくなったら、できあがり。味見をし、塩味が少なければ、塩を足して調整する。

腸活・腸食ライフを実践してみましょう

　180ページの「腸活プランニングシート」を使用し、一カ月間、腸活・腸食にトライしてみましょう。

〈シートの書き方〉

A 体調

□体重や体脂肪、体温、お腹周りのサイズは、毎日決まった時間に測りましょう。体重、体脂肪、お腹周りのサイズは朝の排便後、体温は起床後に測るのがおすすめです。

□排便の番号＝「ブリストルスケール」の番号です。21ページでチェックして記入しましょう。

□水分は、自分に合う量（体重1kgあたり30ml、上限2ℓ）を目標に摂りましょう。

□体調の変化に細かく注意を払い、小さな変化もキャッチして記入しましょう。

B 腸活エクササイズ

　（体調、体力によりエクササイズ内容が変わります）

□実際に行ったエクササイズにチェックを入れましょう。

☐これらのエクササイズ以外にも、ウォーキングやジャンプ運動も効果的です。113ページから紹介するエクササイズも参考にしてください。

C 身につけたい習慣

（基本ベースとなりますが、体調により内容が変わります）

☐食べ物の食べ方や選び方など、食べ物以外で工夫した点をチェックしましょう。

☐自分なりの改善や工夫、挑戦したことも記入しましょう。

D 腸食

☐腸食のキーワードは「しくみかはたやすい」です。

☐一日のうちでこの10項目のうち、最低8項目は摂りましょう。

☐シートに記載されている食材は、3日間で網羅しましょう。

☐タンパク質は両手を合わせた量を目標に摂りましょう。

☐野菜類は、土の上のもの、土の下のもの、両方合わせて、一日サラダボウル一杯食べましょう。

☐一日の中で、「海のもの」と「山（陸）のもの」、両方摂るようにしましょう。

腸活プランニングシート

年　　　月	1日	2日	3日	4日	5日	6日	7日	8日	9日	10日	11日
A 体調 体重											
体脂肪											
排便の番号											
体温											
水分量（　　　L）											
お腹周りサイズ（おへそ）											
B 腸活エクササイズ（体調、体力によりエクササイズ内容が変わります） ①腕＆肩まわりストレッチ											
②ワイドスクワット											
③足パカ体操											
④下腹＆おしりの筋トレ											
⑤腸マッサージと温め											
C 身につけたい習慣（基本ベースとなりますが、体調により内容が変わります） ・麺類を避ける											
・添加物を避ける											
・間食、糖は避ける											
・寝るまでの2時間前は食べない											
・よく噛む（一口33回）											
D 腸食 ・ご飯											
・肉類、魚介類、卵											
・海藻類											
・酢や酢の物											
・オメガ3、オメガ9											
・発酵食品											
・野菜類											
・きのこ類											
・果物											
・天然だし											

CHAPTER 5

毎日食べたい腸食

	12日	13日	14日	15日	16日	17日	18日	19日	20日	21日	22日	23日	24日	25日	26日	27日	28日	29日	30日	31日

CHAPTER **6**

腸活で人生が変わった!

腸活プログラムに取り組んだ
7人の実例をご紹介します

腸活プログラムのご紹介
健康や美容を腸からサポートするための2つの腸活プログラム。

セルフケア講座
腸を知り、腸を活かす

腸の構造や役割、腸内環境を元気にする方法を基礎から学びます。体調チェックも行い、健康管理に役立てる知識を身につける講座です。「腸活・腸育ライフスタイル」を実践することで、食生活や生活習慣を見直し、心身の健康や美容、不調の改善を目指します。食材の選び方やレシピ作成も含め、日常生活にすぐ活かせる内容です。腸に関心がある初心者や、ご家族の健康をサポートしたい方におすすめです。

体質改善プログラム
遺伝子と腸が導く健康美

このプログラムでは、腸の状態や自分に合った食生活・生活習慣・運動方法を検査で「見える化」します。検査結果をもとに、担当のライフスタイルデザイナーが、あなたの体質に合わせた具体的なアドバイスを提供し、健康的な生活をサポートします。腸内環境を整えるための方法を実践しながら、健康を増進し、美容効果も期待できます。便秘や肌荒れが気になる方、体重を減らしたい方、疲れやすい方など、それぞれのお悩みに対応した内容になっています。自分の体に合った改善方法を知りたい方に、ぴったりのプログラムです！

【腸内環境検査】

プログラムの最初に行う腸内環境検査は『美腸 indole 革命』を使用します。『美腸 indole 革命』は、尿で腸内環境の健康度を調べる検査です。検査結果はランクで示され、腸内の腐敗物質が少ないほど、ランクが高くなります。腐敗物質が少ないと、腸の中の腐敗菌（＝有害菌＜悪玉菌＞）の割合が少なくなっていると考えられます。この割合が少ないということは、有用菌（善玉菌）の割合がより多くなっている可能性が高くなり、腸の中の健康が保たれているといえます。なお、腸内環境は日々変化していくため、この検査は、2〜3カ月程度空ければ何度やっても結構です。

※注意点：検査時やそれ以前に下痢があった場合、腸内の腐敗物質も一緒に体外に流れてしまうため、検査ランクは実際の状態と比べると逆によくなってしまう可能性があります。以下の検査の値は、過去一週間以内に下痢がない場合と考えてください。なお、下痢がある場合は、2〜3ランク落として見ていただくとよいでしょう。

CHAPTER 6 腸活で人生が変わった!

【腸活ランク】

Sランク…最上級
腸は、とてもよい状態です。食べたものの消化や吸収が、とてもうまくいっていると考えられます。このままの状態を続けていきましょう!!

Aランク…上級
腸は、比較的良い状態です。食べたものの消化や吸収も、まあまあ良好ですが、この結果に安心することなく、さらに上のランクを目指していきましょう!

Bランク…中級
腸は、それほど悪くない状態です。しかし、食べたものの消化や吸収は、それほどよくありません。より消化吸収のよい健康な腸を目指して、頑張っていってくださいね。

Cランク…下級
腸は、あまりよくありません。食べたものの消化があまりよくないため、吸収も十分ではありません。上のランクを目指し、食事内容などを見直していきましょう。

Dランク…最下級
腸には、かなりの腐敗物が溜まっています。食べたものの消化が悪く、その吸収もうまくいっていません。せっかく体に入れた大事な栄養を取り逃さないためにも、また健康度を上げるためにも、腸を根本から改善していってくださいね。

【遺伝子検査】

遺伝子には体をつくる細胞やその体の中で働く酵素をつくるための情報が入っています。その情報を使って、体のさまざまな細胞がつくられ、さらに、体の中でどのような化学反応がどんな速さで行われるかが決まります。そのような意味で、遺伝子は体の「設計図」であり、また体を効率よく動かすための「取扱説明書」でもあります。そのような遺伝子に変異があると、酵素などの働きが変わることで、体内の化学反応にも影響があらわれます。その作用でどのような結果があらわれる可能性があるのか、ということを調べる検査が遺伝子検査です。たとえば、健康的に減量しやすい食べものの組み合わせ方などもわかります。

CASE 1

おなかいっぱい食べて1年間で体重が15kg減！階段もかけ上がれるほどに

金田 よしこさん
（58歳・女性・会社員）

	スタート時		3カ月後		1年後
体重	73.2kg	>>	62.8kg	>>	58.0kg
腸活ランク	Dランク	>>	Aランク		

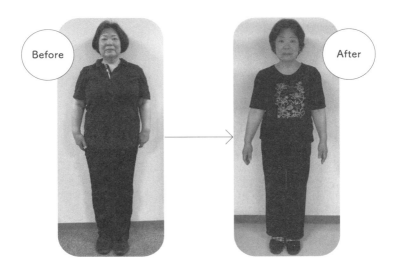
Before → After

自分に合ったダイエットで健康になりたい

　出産以降、体重がどんどん増え続け、さまざまなダイエットを試みてきましたが、なかなかうまくいかず。食べないダイエットは、確かに痩せるものの、食べたらすぐに戻ってしまう。ドリンクやサプリメントを飲むダイエットは、コストがかかり継続していくのがしんどい。なんとか自分に合ったダイエット方法で健康になりたい、医師の行う腸改善をメインとしたダイエットなら自分に合うかもしれない、そんな望みを抱いて協会の扉を叩きました。

　最初に行った腸内環境検査では、なんとDランク。おそらく夕飯をコンビニやお弁当屋さんの弁当ですませていたのがよくなかったのでしょう。ただ便通は1日3回も出るほどよかったのに、なぜDランク……？　担当のライフスタイルデザイナーの方からは、とにかく添加物を避けること。3度の食事は野菜をメインにきちんと摂り、しっかり噛んで食べてくださいとアドバイスを受けました。

　そこで3食とも、玄米に生キャベツをのせて、その上にサラダチキン、納豆、キムチなどをトッピングし、黒酢をかけて食べるようにしました。今までの習性で、おなかいっぱいになるまで食べないと食べた気がしない。でも、これならキャベツをたっぷり食べられて、満腹感が得られました。甘いものにも目がありませんでしたが、洋菓子は控えて和菓子に。小豆を煮たり、寒天ゼリーをつくったりして、甘いもの欲を満たしました。このプログラムは、ダイエットというより腸活ですから、腸内細菌を育てるために、きちんと食べることが大事。食べながら痩せられる、という

のは続けるモチベーションになりましたね。

　そんなふうに腸活生活をスタートしましたが、やはり時間の調整には苦労しました。今までは、朝ギリギリまで寝て、何も食べず、家を飛び出して会社に行っていましたが、朝食に玄米＋キャベツを食べて、昼もお弁当を持って行かなければいけない。夕食もライフスタイルデザイナーの方からは、なるべく18時台に食べるように、とアドバイスされました。

　食事は３食、同じメニューなので、あらかじめ準備をしておけば、朝もバタバタせずにすみましたが、問題は夜。仕事を終えて帰ると、どうしても20時、21時になってしまいます。そこで夕食は、会社で夕方、オートミールを食べて、自宅に帰ってから野菜を食べて、と２回に分けることにしました。

　また睡眠についても「６時間は寝てください」と言われましたが、夜はあっという間に時間が過ぎて、４時間か５時間の睡眠時間を確保するのがやっと。お風呂もシャワーばかり。運動もするように指導されましたが、運動は苦手で……。ウォーキングもしたくないので、会社でトイレに行って、帰ってくるたびに会社内の空き地で縄跳びをしていました。一日４、５回はして、運動量をかせいでいました。

　実際、腸活を始めて体の変化はどうだったかというと、最初の１カ月は体重が1.5kg減をいったり来たりしていて、ほとんど落ちなかったんです。でも２カ月目に入ってからは、急にスルスルと減り始めて、３カ月経ったときには、９kg減に。そこから、さらに６kgほど落ちて、今に至ります。

マイナスなことを一切言われなかった

　以前は、少し動いていても疲れていたのに、だんだん小走りができるようになりました。住んでいるマンションの5階まで一気に登れるようになったのは、自分でも驚きでした。洋服も3LからMサイズにサイズダウン。久しぶりに会う人からは、「どうしたの？　小さくなったね」とびっくりされています。

　結果的に一年間で約15kg減。腸活ランクはAランクになりました。しっかり成果が出たのは、指導された通りに、生活習慣を変えていったことからでしょうか。とはいえ私は、ライフスタイルデザイナーの先生にとっては、あまりいい生徒ではありませんでした。しかしライフスタイルデザイナーの方からは、一切マイナスなことを言われなかったので、私もついていけたのかなと思います。例えば、毎日食べたものをLINEで報告していましたが、会議でいつもの食事が摂れなかったことを打ち明けると「そういう日もあるので、今日はお休みにしましょう」と認めてくださった。だから、こちらも反発せずに続けることができたのでしょうね。

　今後の目標は、20代の頃の50～52kgまで体重を落とすこと。最近は、あれほど苦手だったウォーキングもするようになりました。腸活のグループLINEで「これから行ってきます」「帰ってきました！」なんて、仲間と励まし合いながらやっているんです。歩くと筋力がついて、体脂肪が落ちるので、ストンと体重が落ちるのではないかな、と期待。目標達成に向けて、これからも腸活に取り組んでいきたいですね。

CASE 2
自己分析と改善を繰り返し、5カ月で腸活ランクが最下級から最上級へ

尾形 真宏さん
（58歳・男性・会社員）

	スタート時	3カ月後	1年後
体重	80.0kg >>	71.0kg >>	68.7kg
腸活ランク	Dランク >>	Aランク >>	Sランク

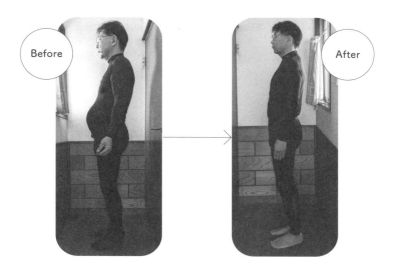

Before → After

100kg目前!?　これはマズい!!

　もともと趣味でスキーやランニングをしていましたが、コロナ禍で運動ができなくなり、ストレス解消が外食一点に。町中華、ラーメン、とんかつ、インド料理……、大好きなハイカロリーなものを週に1回、多いときは3回食べ歩くようになりました。

　その結果、体重が97.5kgまで上昇し、膝痛を発症。自宅の2階に上がるのも膝が痛く、心臓はドキドキ、息はハアハア。運動しようにも、できなくなりました。これはマズいと自覚してからは、外食を控えて、なるべく歩く、市販の整腸剤を飲むなど、自己流でダイエットを行い、4カ月で体重を10kg落としました。

　80kg台まで減らすことはできたけれど、目標体重は20歳の頃の65kg。それをキープし、スキーやランニングも再開したい。ここからはプロの手を借りようとプログラムに申し込みました。体重を減らすことで、食費や被服費、医療費といった余分な出費を減らしたいという思いもありました。

　スタート時の腸内環境検査では、最下級のDランク。ショックでしたね。そこで、まず取り組んだのが、食事の改善です。遺伝子検査によると、私は脂質を消費しにくく、またタンパク質を吸収しにくい体質という判定でした。ですから「脂物は控える」「タンパク質を摂る」ことを念頭においたダイエット方法が効率的と考え、それらを意識する生活を始めました。ふだんは揚げ物をなるべく避けて、魚や鶏肉などの脂身の少ない肉、納豆などの豆類を摂るように。ステーキを食べに行っても、赤身のモモ肉を選びました。

　同時に「腸内環境を整える」ことも心がけました。例えば、

野菜サラダをたっぷり食べる、納豆や味噌汁、ヨーグルトなどの発酵食品を摂る、そして昆布やかつお節、しいたけ、煮干しなどの天然だしを積極的に摂るようにしました。自分が食べたいものより、腸内細菌が喜ぶもの。それが結果的に自分の体質改善につながっていくんだと言い聞かせながら食べましたね。

インターバル速歩からスロージョギングへ

　また運動については、10kg減で動悸や息切れはしなくなったものの、膝と股関節に痛みがあったので、3分速く歩く→3分ゆっくり歩く、を繰り返す「インターバル速歩」からスタートしました。その他、協会で推奨されている筋トレや体操、ストレッチなどをしながら、徐々に筋力を取り戻していきました。そして一カ月後には、歩く速度で走る「スロージョギング」に移行し、一日10〜15km、毎日欠かさず行いました。

　さらに生活習慣については、睡眠はなるべく6時間以上とる。最低10分は湯船につかる。この二つは、必ず取り入れるようにしました。「食事」「運動」「生活習慣」の改善を軸に進めていったところ、5カ月後には、体重が約11kg減、腸活ランクはSランクに。思った以上の成果に、思わずガッツポーズ！　特に腸活ランクが最下級のDから最上級のSにアップしたことは、本当にうれしかったですね。とはいえ体重70kgの壁を越えるには、苦心しました。80kgから70kgに落ちるのは2カ月で達成できましたが、その後2〜3カ月は、70kg台を推移し、70kgをなかなか切ることができなかったのです。今思うと、その原因は"やりすぎ"でした。というのも、インターネットで腸活や

ダイエットについて調べると「高カカオチョコレートがいい」「オリーブオイルで便通がよくなる」など、いろいろな情報が出てきます。それらを全ていいものだと思い、高カカオチョコレートやオリーブオイルなどをちょこちょこ摂っていたのです。そうすると当然、カロリーオーバーになり、なかなか体重が落ちなかったわけです。そのことに気づいてからは摂取カロリーを分析し、改善すべきところは改善し、今まで取り組んでいなかった腹筋運動にも取り組むことで、70kgの壁を突破できました。

　勝因は、やはり生活環境を180度変えたこと。運動、食事、睡眠すべてを腸によい習慣に変えたことで、目標を達成することができたのかなと思います。うまく習慣づけできたのは、体重、体脂肪、体温、排便、食べたものなどを毎日チェックできるプランニングシートのおかげです。自分のできたこと、できなかったことをチェックし、冷静に自己分析できたのはよかった。体重が落ちていくと、担当ライフスタイルデザイナーの方にも褒められるので、だんだん快感に変わっていくんです。いつしかストレス解消が、食べ歩きではなく、腸活ダイエットになり、食べるほうに意識が向かなくなりました。

　私は、自分に甘い人間です。甘くなければ、100kg近くまで体重は増えません。だからこそプロの力を借りてよかったなと感じます。一人では気づかなかったことに、たくさん気づかせてもらえましたから。今は、ちょうど標準体重ですので、今後もこのまま維持し、健康な状態を保つことが目標です。健康であれば、何でも楽しめますので、これからもよい腸活習慣を継続していきたいですね。

CASE 3
大好きなパンをやめて、ごはんにしたら便秘薬を手放せました

田中 陽子さん(仮名)
(67歳・女性・主婦)

	スタート時		1ヵ月後		3ヵ月後
体重	71.0kg	>>	66.1kg	>>	62.2kg
腸活ランク	Dランク	>>		>>	Sランク

パンがなかなかやめられない……

　便秘薬を飲まない生活をしたい、家系に多い糖尿病など病気のリスクを防ぎたい、そんな思いからこのプログラムを始めました。まずライフスタイルデザイナーの方から受けたアドバイスは「朝のパンをごはんに変えましょう」ということ。私はパンが大好き。ごはんに変えつつ、週に3回は野菜をたっぷりはさんだサンドイッチを食べていました。薬も試しにやめましたが、便秘は、なかなかよくなりません。

　そこで再度、ライフスタイルデザイナーさんから「やるなら一週間は徹底的にやってみませんか」と指導を受けて、私も腹をくくりました。一週間きっぱりとパンをやめ、これまで量の少なかった生野菜をサラダボウル一杯分食べるように。

　一週間パンをやめてみると、なぜそこまでパン食に固執していたのかわからないぐらい、ごはんのほうがおいしく感じられるよ

うになりました。ごはんにしたら、魚を食べる機会が増えたのも、うれしい発見でした。食事は一口一口、味わって食べるようにしました。また毎日、午後3時にはカフェオレとお菓子を摂っていましたが、牛乳と小麦粉系のお菓子をやめてからは、不思議とお菓子も食べたくなくなりました。さらに腸活ストレッチといった運動も始めました。

　同時に「排便の状態を見ながら、便秘薬を減らしていきましょう」というアドバイスをいただいていたので、その日の便の状態に合わせて、徐々に便秘薬を減らしていきました。そして開始20日目、思い切って便秘薬から整腸剤に変えて一カ月を過ぎた頃から、3日に一回は快調な便が出るようになり、そのうちブリストルスケールで「4」のすっきり便が、当たり前に出るようになりました。しかも毎日！　まさか私の人生で、便秘からサヨナラできる日がくるなんて。なかなか減らなかった体重も減り、体が軽くなり、何をするにもラクになりました。しかも腸活ランクもDからSへ。何でもできる気持ちになりました。

　成功の要因は「パンをやめたこと」「生野菜をたっぷり食べたこと」「運動を始めたこと」、これに尽きます。このままSランクの腸を維持し、体重53kgを目指して、ダイエットを続行し、糖尿病家系の不安から卒業します。体調をしっかり整えた今、仲間たちと取り組んでいるボランティア活動に、ますます励みたいですね。私のように長年、便秘薬を飲まれている方もあきらめないでほしい。それには専門家のもとで、自分に合った腸活を行うことが近道ですし、必ず結果がでます。私も思ったよりずっと早く改善できました。

　一人で悩まずに、ぜひチャレンジしてください！

CASE 4
食事量を増やしたのに痩せて健康になれた！仕事の売上もアップ！

山内 優さん
（48歳・女性・会社経営）

	スタート時	3カ月後	4カ月後
体重	43.8kg >>	46.7kg >>	45.3kg
腸活ランク	Cランク >>	Aランク	

健康の知識は持っているつもりだったけれど

　腸活プログラムを始めたいちばんのきっかけは、便秘からくる体の不調を解消したかったから。また海外のリゾートに行く予定があったので、少しだけ痩せて、ビキニをカッコよく着たいという目標もありました。実は健康に必要なことについては、自分でもわかっているつもりでした。ただ、このプログラムは医師が監修をしているので、私にとって本当に必要な知識を得られるのではないか、そんな思いがあったのも参加した理由の一つでした。さっそく取り組んだのは「食事」「運動」「水分」。食事は、これまで抜くこともあった朝食を摂るようにして、一日3食に。ごはん、納豆、梅干し、海藻などをメインに、3食のどこかにキャベツの千切りを入れました。それらをよく噛み、水分もしっかり摂るように。すきま時間には、わき腹を伸ばしたり、股関節を広げたり、スクワットなどのストレッチも行いました。

当初、忙しい毎日の中で、食事、運動、水分、それぞれに意識を向けることに難しさを感じました。特に、これまで毎日3食を食べていたわけではなく、日によって1食の日や2食の日もありました。それをきっちり、3食に変えることになかなか慣れなくて……。でもライフスタイルデザイナーの方から「できる範囲でいいですよ」と寄り添っていただき、少しずつ生活を変えていきました。慣れてしまえば、そう大変ではなくなりましたね。

　そして4カ月で3kgの減量。便秘は解消し、肌もつやつやに。健康を最優先してダイエットができたことは、何よりの喜びでした。「痩せる」より「締める」ことに気を配っていたので正直、こんなに体重が落ちるとは。ここ何十年で、最も痩せることができて自分でも驚いています。バストアップもヒップアップも得られて、ビキニを着た時に「きれいなカラダですね」と、たくさんの方に褒められたのが、うれしかったです。

　最初は3食食べるのが大変だったものの、食事量を増やしたことで、かえって健康になれたように思います。私だけでなく、家族も同じ食事を摂っていたので、家族みんなが健康になれたこともうれしいことでした。

　便秘などの悩みがなくなったおかげで、今は毎日が楽しく、自分のしたいことに集中できています。仕事へのモチベーションも上がり、腸活を始める前の月よりも、売り上げが上がりました。仕事関係の人から「痩せたね」「キレイになったね」と言われることも増えて、それが自信になってプラスに働いたのかなと思っています。

　今もプログラムで身についた生活習慣をキープ。自分に合うやり方がわかったので、無理なく行うことができています。

　便秘に悩む人は、まず腸活！　ぜひトライしてみてください。

CASE 5
70代で8kgダウン。みんなが驚くような元気な80代になりたい！

片山 優子さん（仮名）
（78歳・女性・主婦）

	スタート時	3カ月後	5カ月後
体重	62.0kg >>	58.0kg >>	54.2kg
腸活ランク	Aランク >>	Sランク	

ダイビングスーツをカッコよく着たい！

　中性脂肪の数値が高く、糖尿病の予備軍。このままいくと脳梗塞になってしまいそうでこわい。この際、数値を改善して、元気に好きなことをしたい！　おなかのラインをスッキリさせて洋服はもちろん、趣味のダイビングスーツもカッコよく着こなしたい！　それがプログラムに参加した理由でした。

　特に力を入れて取り組んだのは「食事」です。まず食べたものを、すべて書き出し、食事内容の見直しから。生野菜をはじめ、食物繊維の多い食品やタンパク質を積極的に摂ること、水1.8ℓを飲むことなどを実行し始めました。食べる際には、サラダボウルいっぱいの生野菜→副菜→100〜130gのごはんの順に。

　生野菜は、ほぼ一年中購入可能なキャベツをベースに、季節の野菜を加えて。千切りキャベツは毎食摂るため、多めにつくって冷蔵庫に保存しておきました。

ただ、もともとごはんが好きなので、最初は物足りなさを感じましたが、この順番で、ゆっくり噛みながら食べると、少量のごはんでも満足できるようになり、だんだんそれが当たり前になってきました。食事の他には、なるべく朝、30分の腸活エクササイズをする。朝できなければ、一日のどこかで時間をとって、行うようにしました。
　プログラムをスタートしてから2カ月は、ほとんど変化がありませんでしたが、そのうちお通じが整い、だんだん体重が減っていきました。そして5カ月で約8kgの減量！　ウエストが締まり、下着が体に食い込まなくなりました。窮屈で捨てようか迷っていた服も、また着られるように。肌がつやつやになり、「痩せてよかったね」と家族からも言われました。
　途中で挫折せずにすんだのは、ライフスタイルデザイナーの方のサポートのおかげです。体組成計のデータを見せたら「こんなに減ったんですね！　スゴイですね」と声をかけてくださったことは、とても励みになりました。またオンラインセッションで、ライフスタイルデザイナーさんに体の心配ごとを聞いてもらい、食事をはじめ、暮らし方全般のアドバイスを受けることは、とても楽しい時間でした。親身に寄り添ってもらえて頑張ろうという気になりましたから、つくづく腸活は周りに支えてもらいながら楽しんでやることが大事だなと感じました。
　プログラムを通じて栄養の知識が増し、食事にはいっそう気を配るようになった今、これから健康診断を受けるのが楽しみなぐらい。実際、コレステロールや中性脂肪は正常になり、健康診断の数値全体が正常値でした。気力もアップし、先日は友人とスペイン旅行を楽しみました。次の夏は、またダイビングにチャレンジしたい。元気なダイバーを目指したい。「80代でもこんな人がいる！」と会う人をびっくりさせたいですね。

CASE 6
トマトを味方につけて 3カ月で7kg減。 おなか周りがスッキリ！

井出 寿利さん
（43歳・男性・会社経営）

	スタート時		3カ月後
体重	77.5kg	>>	70.5kg
腸活ランク	Cランク	>>	Aランク

Before

After

健康に自信を持って仕事に取り組みたい

　年齢とともに出てきたおなかをスッキリさせたい。それがプログラムに参加した一番の動機でした。私自身、会社経営を行っているので、経営者として健康に自信を持ち、パフォーマンス高く仕事に取り組みたい。また仕事関係でテレビ取材を受けることが多く、見た目に自信を持ちたいという願いもありました。

　プログラムでは、まず腸内環境検査と遺伝子検査を行ったことで、自分の健康管理をどう行っていけばよいか、客観的に知ることができました。

　もともと便がやや硬めで、排便に悩みがありましたが、腸内検査では腐敗物の多いCランクで、やっぱりという結果。遺伝子検査は、筋肉がつきにくく、分解されやすい、また脂肪がつくと落ちにくい特徴がある、脂質リスクがやや高いとの結果でした。

そこから食事や運動など、自分に合った生活習慣の改善に努めました。まず実践したのは、小麦粉断ち。麺類やパンを一切やめました。そして野菜や酢を摂るように心がけました。特にピクルスがおすすめとのこと。私はトマト農園を経営しているので、自社のトマトジュースでピクルス液をつくり、毎日食べるようにしました。トマトの旨味が効いて、実に美味なんです。またトマト料理も積極的につくりました。トマトは熱を加えると、トマトに含まれるリコピン成分が3〜4倍摂取しやすくなるので、スープや丸焼きをよくつくりましたね。食べるときは「よく噛む」ことも忘れずに。運動は日常生活の中で、気がついたらスクワットや背中を動かす、といった形で実践しました。苦労したのは、仕事が忙しく、夕食が遅くなったり、なかなか睡眠時間がとれなかったりしたこと。ちょっとした運動する時間を捻出することも厳しかったですね。

　それでも腸活を始めてから10日ほどすると、お通じがよくなり、それに伴い体重も減少。3カ月後には体重が7kgも減り、おなか周りもスッキリしました。腸内検査もAランクになり、排便の悩みもなくなりました。周りからは「肌がつやつやしている」と言われるように。腸活プログラムは、時間的に難しいと感じた部分はあったものの、取り組み自体はシンプルです。食事のポイントを押さえて、淡々と継続していけば、必ず大きな成果が得られると実感しました。食事とともに運動を行うことで、相乗効果も感じました。やはり経営者は、体調管理も仕事のうち。体の調子をいつも良好に保ち、常に前向きに仕事に臨みたいですね。目指すは、腸内ランクをSランクにし、ますます体の状態をよくすること。トマトと腸活は相性がいいので、"トマト×腸活"も発信していきたいです。

CASE 7
しっかり噛むと食事量を減らせます。4カ月で7kg減に

齊藤 弘之さん
(55歳・男性・会社経営)

	スタート時		3カ月後
体重	75.8kg	>>	68.7kg
腸活ランク	Aランク	>>	Aランク

Before

After

食事と生活習慣を徹底的に改善

「自分の体の設計図を基に適切にダイエットを行えば、痩せるだけでなく、一生健康な体を手に入れられる」というところに惹かれて、このプログラムに参加しました。さっそく取り掛かったのは、食事と生活習慣の改善です。まず調味料をすべて無添加に変え、パンや麺類、揚げ物もやめました。そして3日間の中で、野菜や肉、魚、発酵食品など腸活食材を摂るように。味つけは天然塩と黒酢のみ。ごはんは1食100g。間食したいときは、素焼きのナッツを。外食時には、十割そばなどを選ぶようにしました。そして、よく噛んで、ゆっくり食べる。最低でも一口33回噛むことを心がけました。夕食は、寝る3時間前までには終えるようにしました。運動に関しては、協会主催の朝の体操に、なるべく参加するようにしました。参加できないときは夜、スクワット。

最初のうちは、おなかの筋肉がつってしまい２回ほどしかできませんでしたが、続けていくうちにつらずに回数が増えていきました。また仰向けで足を開閉する足パカ運動や、骨盤底筋群を鍛えるおしりキュッ運動なども。また夜寝るときに腹式呼吸をすると、よく眠れました。腸活に奮闘していましたが、肝心の体重は少し減ったら元に戻り、また減ったら元に戻り……、それに一喜一憂する日々。デザイナーさんから「見た目体重で大丈夫」と声をかけてもらってからは、体重を気にせず取り組むことができました。デザイナーさんに励まされたことといえば、もう一つ。よく噛んで、ゆっくり食べていると、アツアツの料理が冷めてしまうんです。とりわけアツアツで食べるのが好きな私は「一生、冷めた料理を食べるのか」と、つい愚痴をこぼしてしまうことも。デザイナーさんに「このプログラム期間で、一生使える体づくりをしましょう」と言っていただいたことで、もう少し頑張ろうと、やる気を取り戻せました。結果的に４カ月で約７kg減。一定の成果を出せたことで、やればできると自信につながりました。
　振り返ってみると、最も効果があったのは「よく噛んで、ゆっくり食べる」ことだったように思います。よく噛んで、ゆっくり食べると、そもそもの食事の量を減らすことができますから。今後の目標は、腸活ランクをＡからＳに上げること。そして何を食べてもリバウンドしない、健康な腸を手に入れることです。
　結局、食べたものを吸収して、体を動かすのは腸。それを意識できると、自分で体をコントロールできます。体をコントロールできれば、行動が変わり、人生が変わる。私自身、腸活によって人生がよい方向に変わっています。
　みなさんも、腸活で豊かな人生を手に入れましょう！

おわりに

　私が医学生の頃の話です。「医師は何のために存在しているのだろうか」と悶々と悩んでいた時期がありました。医師は病気を治す存在であると仮定し、すべての病気が治ってしまったら、医師の存在意義はどうなるのだろうと。医師というのは、非常に矛盾した存在だなと考えていたのです。

　しかし医師になり、自分自身が体調を崩したときに私なりの命題に答えが出ました。その体調不良は、サプリメントで治したのですが、そのときに栄養ってすごいなと。場合によっては治療に使える可能性があるのではないかと衝撃を受けたんです。そこから栄養の勉強を始め、妻と出会い、自分自身も減量できた。

　これらの経験から、医師の存在意義とは、病気を治すことではなく、「健康度を高めること」にあるのではないかと思うようになりました。そして自分自身、こういった協会の活動や診療などを通して、多くの人たちに、健康度を高める情報を伝える存在でありたい、そんな気持ちで今日までやってきたのです。

医師が健康度を高める情報を提供することは大事ですが今、私はさらに一歩進んで、一人ひとりが医学知識を有し、自分の健康を保持するためのドクターになれたらいいだろうと思っています。より健康になるように体を指揮するコンダクターならぬ、コンドクターです。

　そうすれば早いうちから、自分自身の体の異常に気づき、対処できるようになる。そういう人が増えれば、国民の医療費を下げることもできます。腸活は、その学びの一歩になると思うのです。

　私たち人間は、ライフスタイルがいかに変化しようと、身体活動を維持するには、それに見合うエネルギー産生が不可欠です。そのためには、まず栄養を十分に摂り、水分もしっかり取り込んだうえで、それらが血液に送られることが大前提です。その栄養や水分を取り込むのが「腸」。そう考えると、腸が私たちの身体活動の維持に欠かせないことは明白です。

　より賢い腸に育てるための腸活、ぜひ今日から一緒に始めましょう。

　　　　医学博士・一般社団法人腸活環境育成協会 理事
　　　　神谷 仁

著者
神谷陽子
かみや・ようこ

一般社団法人腸活環境育成協会の代表理事、腸活・腸育ライフスタイルデザイナー、ウォーキングコミュニティ「ぐるっ歩」主催。医療機関での勤務を経て、独自の「笑顔力メソッド」を考案。以後、カルチャーセンターや企業で講習・講演活動を行う。2015年12月に腸活環境育成協会を設立し、腸内環境の改善を通じて健康と笑顔を支える活動を開始。腸内環境の改善が健康増進やストレス解消に重要であると考え、食生活の改善や栄養指導を行っている。健康的なライフスタイルの提案や、腸の健康を通じた笑顔のサポートに焦点を当てて、3年、5年、10年後も笑顔で過ごせる健康な体づくりを目指し、多くの人々に影響を与えている。

監修者
神谷 仁
かみや・じん

医学博士。内科医として活動し、睡眠時無呼吸外来や分子整合栄養学の専門医としても活躍中。一般社団法人腸活環境育成協会の理事・顧問を務めるほか、「ドクター JIN健康プロジェクト」を主催し、ドクター遺伝子ダイエットや腸改善プログラムを監修している。信州大学医学部を卒業後、同大学院博士課程を修了。自身の体調不良が栄養補充で改善した経験をきっかけに、2012年頃から分子栄養学的アプローチを一般診療に取り入れている。かつて85kgあった体重を2カ月で12kg減量し、現在もリバウンドなく65kg前後をキープ。その経験を活かし、健康情報の発信や病気予防、未病対策に注力。疾患の根本治療を目指す診療に取り組むとともに、健康的な人生を送るためのサポートを提供している。

一般社団法人 腸活環境育成協会ホームページ

https://cho-katsu.net/

「賢い腸」に育てる腸活!

2025年3月22日　初版第1刷発行

著　者　　神谷陽子
　　　　　（一般社団法人腸活環境育成協会 代表理事）

監　修　　神谷 仁
　　　　　（医学博士・一般社団法人腸活環境育成協会 理事）

発行所　　株式会社 游藝舎
　　　　　東京都渋谷区神宮前二丁目28-4
　　　　　電話 03-6721-1714
　　　　　FAX 03-4496-6061

印刷・製本　中央精版印刷株式会社

定価はカバーに表示してあります。本書の無断複製（コピー、スキャン、デジタル化等）
並びに無断複製物の譲渡および配信は、著作権法上での例外を除き禁じられています。

デザイン・DTP　　本橋雅文（orangebird）
　　イラスト　　　アサミナオ